EL PODER DE LA GRATITUD

Desarrollando un Estilo de Vida de Gratitud

Dr. John Aniemeke

EL PODER DE LA GRATITUD

Las Escrituras (a menos que se indique lo contrario) son tomadas de la VERSIÓN REINA-VALERA (KJV): VERSIÓN REINA-VALERA, dominio público.

Las Escrituras marcadas como NIV son tomadas de la NUEVA VERSIÓN INTERNACIONAL (NVI): Escritura tomada de LA SANTA BIBLIA, NUEVA VERSIÓN INTERNACIONAL ®. Copyright© 1973, 1978, 1984, 2011 por Biblica, Inc.™. Usado con permiso de Zondervan.

Las Escrituras marcadas TM (o The Message) son tomadas de THE MESSAGE: THE BIBLE IN CONTEMPORARY ENGLISH (TM): Escritura tomada de THE MESSAGE: THE BIBLE IN CONTEMPORARY ENGLISH, copyright©1993, 1994, 1995, 1996, 2000, 2001, 2002. Usado con permiso de NavPress Publishing Group.

Las Escrituras marcadas NLT son tomadas de LA SANTA BIBLIA, NUEVA TRADUCCIÓN VIVIENTE (NTV): Escrituras tomadas de LA SANTA BIBLIA, NUEVA TRADUCCIÓN VIVIENTE, Copyright© 1996, 2004, 2007 por Tyndale House Foundation. Usado con permiso de Tyndale House Publishers, Inc., Carol Stream, Illinois 60188. Todos los derechos reservados. Usado con permiso.

Las Escrituras marcadas AMP o AMPC son tomadas de la Biblia Amplificada® Copyright © 1954, 1958, 1962, 1964, 1965, 1987 por The Lockman Foundation. Usado con permiso. lockman.org.

Las citas de las Escrituras marcadas CSB (HCSB) han sido tomadas de la Christian Standard Bible®, Copyright © 2017 por Holman Bible Publishers. Usado con permiso. Christian Standard Bible® y CSB® son marcas registradas federales de Holman Bible Publishers.

Este libro y su contenido son completamente creación y propiedad intelectual de John Aniemeke.

Este libro no puede ser reproducido en su totalidad ni en parte, por proceso electrónico ni por ningún otro medio, sin el permiso por escrito del autor.

ISBN: 978-1-965593-28-8

Copyright © 2025 por John Aniemeke

Todos los derechos reservados

Publicado por

www.thecornerstonepublishers.com

A mi amada esposa, Chidinma Aniemeke,
tu devoción a nuestra familia, tu fe inquebrantable
y tu profunda sabiduría nos han guiado tanto en los
momentos de alegría como en los más desafiantes. Con
cada día que pasa, recuerdo la increíble bendición que es
tenerte como mi compañera de vida.
¡Estoy eternamente agradecido!

Prólogo

En lo que a menudo parece un mundo acelerado, lleno de desafíos constantes y desilusiones, resulta fácil pasar por alto una de las emociones más profundas y transformadoras que podemos cultivar: la gratitud. En *El Poder de la Gratitud*, John Aniemeke nos lleva en un viaje cautivador hacia el corazón de esta experiencia humana esencial.

En estas páginas, descubrirás la increíble fortaleza y resiliencia que la gratitud puede aportar a tu vida. John explora magistralmente la profunda fuente de sabiduría que se encuentra en cada acto de agradecimiento.

La gratitud, como John nos recuerda, abarca esas grandes cosas que tendemos a pasar por alto porque vienen en paquetes pequeños. Cuando nos damos cuenta de la deuda de gratitud que tenemos hacia Cristo, no tenemos más opción que adorarle.

Las palabras de John no solo son inspiradoras, sino que

también se basan en experiencias del mundo real. Él nos invita a embarcarnos en un "viaje de reposicionamiento de nuestro destino", animándonos a incorporar la gratitud en nuestra vida cotidiana.

Este libro es mucho más que una simple colección de palabras; es una invitación a adoptar la gratitud como una fuerza fundamental para el cambio positivo.

Ya seas escéptico o creyente, este libro sin duda te abrirá los ojos al poder transformador de la gratitud. Lo recomiendo encarecidamente a cualquier persona que busque una vida más plena y feliz.

Reverend Samuel Rodriguez
New Season – Pastor principal
Presidente/CEO de NHCLC
Autor de "Your Mess, God's Miracle!"

Índice

Prólogo..4

Introducción...8

1. La Gratitud: El Mayor Catalizador De La Vida......11

2. La Esencia De La Gratitud..27

3. Milagros De La Gratitud..49

4. La Gratitud Por Las Cosas Pequeñas........................65

5. La Gratitud En Medio De La Adversidad................76

6. El Veneno De La Ingratitud.......................................97

7. Building a Lifestyle of Gratitude............................125

Conclusión..156

Introducción

No es mera coincidencia que nuestro Señor Jesucristo dedicara tanto tiempo a dar gracias a Su Padre durante Su ministerio terrenal. De hecho, algunos de Sus milagros más espectaculares fueron precedidos por expresiones de gratitud a Dios, y no por oraciones largas y dinámicas. No podemos permitirnos perder de vista la riqueza del mensaje de Cristo tal como se revela en Sus acciones.

Del mismo modo, muchos otros movimientos fenomenales de Dios en la Biblia (y en tiempos contemporáneos) se desencadenaron a través de momentos de alabanza, acción de gracias y adoración hacia Él. Curiosamente, la Escritura también revela represiones contundentes y juicios severos contra actos de ingratitud, ya sea hacia Dios o hacia el hombre.

El mensaje en todo esto es claro: existen inmensas posibilidades en la gratitud, especialmente cuando se expresa con sinceridad y humildad. La gratitud tiene el poder de abrir puertas inesperadas, desatar bendiciones extraordinarias, atraer "ayudantes de destino," enriquecer relaciones, construir redes increíbles y catapultar un negocio o ministerio a las alturas del éxito.

A pesar de esta poderosa verdad, persiste la ignorancia en muchas iglesias (y en el mundo en general) acerca del poder inherente tanto de la gratitud como de la ingratitud. Si hay una cultura o estilo de vida que debemos aprender conscientemente y practicar fielmente en el Cuerpo de Cristo hoy, es la gratitud. Esto reviste especial importancia en estos últimos tiempos, cuando vemos el cumplimiento de la predicción bíblica de que la gente se volverá engreída e ingrata. Todo ello hace que la verdad presentada en este libro sea especialmente útil para la edificación de los cristianos en todas partes.

Estás a punto de embarcarte en un viaje que transformará tu vida, pues no solo te expondrá a verdades fundamentales sobre la gratitud, sino que también te llevará a un cambio de mentalidad para desarrollar un estilo de vida de agradecimiento continuo a Dios y a las personas que te rodean. A medida que leas, descubrirás cómo la gratitud puede transformar tu relación con Dios y con los demás, así como influir positivamente en tu bienestar general y potenciar tu impacto en la comunidad.

Asimismo, aprenderás a apreciar mejor el mundo que te rodea y a dar gracias por los pequeños gestos de bondad y misericordia que recibes cada día. Los principios que estás a punto de conocer, si se aplican íntegramente, te empoderarán para convertirte en un "embajador de la gratitud." Serás reposicionado para bendecir continuamente al mundo con la fragancia del agradecimiento y para triunfar en toda circunstancia con una actitud de gratitud.

1
La Gratitud: El Mayor Catalizador De La Vida

"La gratitud es un catalizador poderoso de la felicidad. Es la chispa que enciende un fuego de alegría en tu alma."

– Amy Collette

El viernes 24 de marzo del año 1820, nació en un barrio pobre del condado de Putnam, Nueva York, una niña llamada Frances. Unas semanas después de su nacimiento, quedó ciega debido a la negligencia de un médico charlatán que intentó tratarla por una infección. Su madre se preocupó, pensando que su hija pasaría el resto de sus días como una inválida desgraciada.

Con el paso del tiempo, Frances se convirtió en una

de las personalidades más notables de la historia. Fue una genio de la composición, tanto que el Libro Guinness de los Récords la reconoció como la escritora de himnos más prolífica de la historia. Escribió más de 9,000 himnos, entre ellos algunos muy conocidos como "Blessed Assurance," "To God Be the Glory," "Safe in the Arms of Jesus," "Rescue the Perishing" y "Pass Me Not, O Gentle Savior."

¿Cuál fue el secreto del éxito de Frances (Fanny) Crosby? ¿Cómo se convirtió en una celebridad cuando se esperaba que no fuera más que una inválida? ¿Cómo llegó su vida a ser envidiable en lugar de miserable? La respuesta es que poseía el mayor catalizador para una vida feliz y plena: la actitud de gratitud.

A la edad de ocho años, Fanny escribió las siguientes palabras que resumían su actitud ante la vida y la fuente del valor que le permitió convertir los "limones del destino" en la "limonada de la grandeza":

Oh, qué alma tan feliz soy,
Aunque no puedo ver,
Estoy resuelta a que en este mundo

contenta he de ser.
¡Cuántas bendiciones disfruto
que otros no tienen, tal vez!
¿Llorar y suspirar por ser ciega?
No puedo ni lo haré.

En esencia, Fanny eligió dar gracias por sus bendiciones en lugar de resentirse por sus aparentes pérdidas; expresó gratitud por sus habilidades extraordinarias, en vez de amargarse por sus limitaciones percibidas. Al final, esta actitud de gratitud iluminó enormemente su perspectiva de la vida, reforzó su inmunidad ante desafíos e infecciones, enriqueció sus relaciones con los demás y, lo más importante, atrajo sobre ella la gloria de Dios, convirtiéndola en un activo y no en una carga para la humanidad. Su vida demostró, en verdad, la afirmación de Melody Beattie de que una actitud de gratitud "convierte lo que tenemos en suficiente, y más. Convierte la negación en aceptación, el caos en orden, la confusión en claridad… da sentido a nuestro pasado, trae paz al presente y crea una visión para el futuro."

Lo que significa la gratitud

Para comprender plenamente qué implica tener una actitud de gratitud, primero debemos entender qué son la gratitud y la actitud. En términos sencillos, la gratitud significa estar cálida o profundamente agradecido por la bondad o los beneficios recibidos. Es, simplemente, estar sinceramente agradecido por las misericordias, bondades, favores, privilegios, oportunidades y otros beneficios que recibimos. También se describe como el reconocimiento de que uno ha obtenido una bondad, favor, beneficio o resultado positivo proveniente de una fuente externa.

La palabra "gratitud" proviene del latín *gratus*, que significa "agradable" o "agradecido." *Gratus* también es la raíz de palabras como "gracia," "gratificación" y "gratis," las cuales connotan estados de ánimo, acciones e ideas positivas. Algunos sinónimos comunes de gratitud son "agradecimiento" y "reconocimiento."

Ser agradecido es una virtud que trasciende culturas y demografías. A lo largo de la historia, la gratitud siempre ha sido tema de interés para filósofos y parte fundamental de varias religiones en el mundo. Cuando la gratitud está ausente, hablamos de ingratitud, falta de agradecimiento o desagradecimiento.

La actitud, por otro lado, es una forma estable y firme de pensar que influye en la conducta y disposición de una persona hacia los demás o hacia un objeto, concepto o situación. Esto implica que una actitud tiene tres componentes: un componente cognitivo (creencias y conocimientos); un componente afectivo (sentimientos); y un componente conductual (la repercusión de la actitud en la conducta). En última instancia, esto muestra que una actitud puede ser positiva o negativa, y en ambos casos se reflejará en los pensamientos, las palabras y las acciones de una persona.

Tener una actitud de gratitud significa, por lo tanto, adoptar una disposición firme o una tendencia natural a estar continuamente agradecido por los beneficios grandes y pequeños; significa ser consciente y valorar las bendiciones de cada día; y hacerlo en todas las circunstancias. De ahí que una actitud de gratitud nos ayude a ver todos los eventos de nuestra vida a través de un lente de positividad: elegimos conscientemente centrarnos en nuestras bendiciones y encontrar una razón para estar agradecidos en cada aspecto de nuestra existencia. Y, al hacerlo, reconocemos que ser agradecidos es ser "agraciados."

Además, dado que la gratitud se expresa mejor como una actitud, quiere decir que nuestras creencias sobre la gratitud, el grado en que influye en nuestro pensamiento y comportamiento, y la forma en que la demostramos a través de nuestros sentimientos y acciones se unen para formar nuestra actitud hacia la gratitud.

Con base en esto, los psicólogos han descrito la gratitud de tres maneras:

1. La gratitud como un estado de ánimo, que incluye las fluctuaciones diarias de agradecimiento general a medida que transitamos por cada jornada.

2. La gratitud como una emoción, un sentimiento más duradero de agradecimiento que uno puede experimentar tras recibir un regalo o un favor de alguien.

3. La gratitud como un rasgo afectivo o una actitud, es decir, la tendencia global de una persona a tener una disposición agradecida hacia la vida en general. En lo personal, he descubierto que vivir una vida de gratitud es la mejor actitud que uno puede tener. Aquello por lo que no estás agradecido, pierdes el derecho de disfrutarlo.

En otras palabras, no podrás sacar el máximo provecho de algo si no eres agradecido por ello. Por tanto, debes elegir ser esa persona agradecida en cualquier situación, porque la gratitud verdadera no está determinada por las circunstancias, sino por la elección.

Enfoque de la gratitud

Por su propia naturaleza, la gratitud —sea como sentimiento o como expresión— se dirige a alguien o a algo; no puede existir en el vacío. En otras palabras, no podemos simplemente afirmar que estamos agradecidos sin mostrar una conducta coherente, pronunciar las palabras adecuadas y demostrar acciones hacia el objeto o la persona a quien estamos agradecidos. Como dice Robert Breault: *"No existe tal cosa como la gratitud inexpresada. Si no se expresa, es simple y llanamente ingratitud a la antigua."* Por lo tanto, la gratitud genuina debe abarcar palabras, acciones, emociones e intencionalidad.

Nuestras vidas se enriquecen y facilitan cada día gracias a las contribuciones de diversas fuentes externas. Cada una de esas fuentes —divinas y humanas— merece nuestra gratitud. Esto me recuerda lo que sucedió cuando mi mamá vino por primera vez con nosotros a Estados Unidos. Alguien cubrió nuestros gastos de manutención durante un año en Granbury, Texas. Al llegar, nos recogieron en el aeropuerto y nos dieron un lugar para quedarnos, con comida y un auto para desplazarnos. No pagamos ninguna factura hasta que nos mudamos a nuestro propio apartamento de una habitación. Fue entonces cuando comprendimos cuánto dinero costaba todo, especialmente la vivienda, incluso compartiendo los gastos entre tres personas. Tiempo después, caí en la cuenta de la magnitud de lo que esas personas hicieron por nosotros, y jamás he dejado de darles las gracias.

En verdad, es grato a los ojos de Dios que seamos agradecidos con Él y también con las personas que nos rodean. Hay quienes son agradecidos con Dios, pero desagradecidos con quienes se cruzan en su camino, y así limitan las bendiciones que reciben de Dios, ya que a menudo Dios usa a las personas como instrumentos de bendición. Si Dios decide ayudarte, probablemente utilizará a un ser humano para extender Su mano de bendición. Por eso, aunque es esencial reconocer la misericordia de Dios, también debemos aprender a apreciar a quien Él haya elegido para bendecir nuestras vidas.

El problema, sin embargo, es que tendemos a dar por sentados muchos de los beneficios y benefactores que nos bendicen a diario, y en consecuencia dejamos de expresar nuestro agradecimiento hacia ellos. Como veremos más adelante, esto conlleva varias repercusiones negativas.

A veces, la escasez de expresiones de gratitud de calidad en nuestras relaciones surge de la falta de conocimiento sobre su importancia. Por ejemplo, en un estudio de 2018 publicado en *Psychological Science,* a más de 300 participantes se les pidió que escribieran una carta de agradecimiento a alguien que los había impactado positivamente —padres, amigos, entrenadores o maestros de antaño— y que predijeran cuánto se sorprenderían, alegrarían o sentirían incómodos los destinatarios tras recibir su muestra de gratitud.

Posteriormente, los investigadores consultaron a los destinatarios acerca de cómo se sentían realmente. Descubrieron que quienes expresaban su gratitud subestimaban de manera constante cuánto valora la gente ser apreciada, y que los destinatarios encontraron la situación mucho menos incómoda de lo que los escritores habían predicho. Según los investigadores, mientras los autores de las cartas se preocupaban por cuán competentes eran para expresar su aprecio (si su carta era lo suficientemente clara y elocuente), a los destinatarios les importaba más la calidez interpersonal y no los juzgaban de manera severa por la forma de redactar el agradecimiento. En otras palabras, se sentían felices simplemente por recibir gratitud.

Lo mismo ocurre en nuestra relación con Dios y los demás. La gratitud es un "aroma agradable" que nunca pasa desapercibido. No solo es un reflejo fundamental de nuestra humanidad y civismo, sino también una expresión que los propios destinatarios esperan y realmente aprecian.

De manera particular, merecen nuestra gratitud diaria: Dios Todopoderoso, nuestros padres, cónyuges, hermanos, líderes espirituales, maestros, mentores, amigos, quienes nos animan, jefes, supervisores, colaboradores, clientes, la iglesia, la comunidad (a la cual podemos retribuir) y muchos otros que han aportado o siguen aportando valor a nuestra vida.

El receptor que más merece gratitud

Dios es quien más merece nuestra gratitud. Él es el Gran Benefactor de todas las criaturas del universo. En la cumbre del éxito y en la euforia de los logros asombrosos, es fácil olvidar que Dios Todopoderoso es quien nos da el aliento en los pulmones, y nada podría impedirle, si así lo decide, retirarlo en un instante. Recordar nuestra deuda con

Dios debería bastar para motivarnos a la gratitud. Como explica Jerry Bridges: "Agradecer a Dios es reconocer que Él, en Su bondad y fidelidad, ha provisto para nosotros y ha cuidado de nosotros tanto física como espiritualmente. Es reconocer que dependemos totalmente de Él; que todo lo que somos y tenemos proviene de Dios."

Cuando alabamos a Dios, le estamos diciendo: "Todo lo que soy y llegaré a ser proviene de ti. ¡Tú eres mi fuente, mi roca!" En las Escrituras, vemos a David dar ejemplo de ello al decir: *"Te amo, oh Señor, fortaleza mía. El Señor es mi roca y mi baluarte y mi libertador; mi Dios, mi roca en quien me refugio; mi escudo y el cuerno de mi salvación, mi altura segura"* (Sal. 18:1-2). La gratitud hacia Dios es un reconocimiento inequívoco de que no podríamos haber logrado lo que hicimos sin la ayuda de lo alto.

Como cristianos, a menudo se nos exhorta a expresar alabanzas y acciones de gracias a Dios. Puesto que entendemos que Él es la fuente generosa de todo lo bueno que disfrutamos, el resultado es un sentido de agradecimiento profundo que permea cada ámbito de nuestra vida y nos une en un mismo sentir con otros creyentes. Para nosotros, la gratitud no es solo un sentimiento, sino una virtud que influye no solo en nuestras emociones e ideas, sino también en nuestros valores, comportamientos y actos.

Existen cuatro verdades fundamentales acerca de la gratitud hacia Dios. En primer lugar, la gratitud manifestada en acción de gracias demuestra cuánto valoramos la gracia de Dios en nuestra vida. Es una señal y símbolo de aprecio por quién es Él y por lo que ha hecho. Las Escrituras están repletas de instrucciones de *"dar gracias al Señor, porque Él es bueno; porque para siempre es su misericordia"* (Sal. 136:1). Se trata de uno de los llamados más famosos a agradecer a Dios por Su bondad, un tema recurrente en el Antiguo Testamento. Muchos salmos empiezan con esta misma línea, animándonos a agradecer a Dios.

Dos, la expresión del valor que le atribuimos a la gracia de Dios se manifiesta en una actitud y una expresión desbordante de alabanza hacia Él. David era un hombre que conocía el valor de Dios en su vida y, por eso, su estilo de vida tanto dentro como fuera del palacio expresaba su gratitud por la benevolencia divina. No es de extrañar que se dijera a sí mismo que *"bendijera y alabara afectuosamente al Señor"* y que *"no se olvidara de ninguno de Sus beneficios"* (Sal. 103:2, AMP).

Tres, quien muestra gratitud a su Creador siempre será preferido por encima de sus contemporáneos. Cuando la hija de Saúl, Mical, reprendió a David por adorar a Dios y danzar con total abandono, él le respondió: *"Fue delante del Señor, que me eligió en lugar de tu padre y de toda su casa, para nombrarme gobernante sobre el pueblo del Señor, sobre Israel. Por tanto, danzaré delante del Señor"* (2 Sam. 6:21). A Dios le agrada ser apreciado, y quien se lo demuestra de manera constante disfrutará, sin duda, de Su favor por encima de los demás.

Cuatro, la gratitud desbordante hacia Dios es una prueba de nuestra madurez espiritual y estabilidad en Él. Pablo, dirigiéndose a la iglesia de Colosas, dice en Colosenses 2:6-7: *"Por tanto, de la manera que recibisteis a Cristo Jesús el Señor, así andad en él; arraigados y sobreedificados en él, y confirmados en la fe, así como habéis sido enseñados, abundando en acciones de gracias"* (NVI). Si dices que estás en Dios y no rebosas de gratitud, entonces no estás verdaderamente en Él; solo tienes una forma externa de justicia.

Cuanto más conoces a Dios, más lo ves. Y cuanto más percibes Su mano, más se despierta la acción de gracias en tu vida. Si contemplas la bondad de Dios y tu vida no se desborda en gratitud, significa que no lo has visto realmente. Si no estás arraigado en Dios, no podrás percibir Su presencia cuando las cosas no sean agradables. Pero si estás arraigado en Él, lo verás incluso en lo que consideras negativo. Y cuando lo ves, en lugar de reaccionar únicamente a las circunstancias y situaciones, tu corazón se desborda en gratitud hacia Él.

Ponte la vestidura de la gratitud

Todo lo que hemos aprendido de la vida de Fanny Crosby y de otras personas nos reta a cambiar nuestra perspectiva y nuestra disposición ante la vida, pasando de dar excusas a dar gracias. Aprende a ver las cosas con otra óptica y a ser agradecido, independientemente de tu inteligencia, tu físico, tu riqueza, tu belleza o tu estatus social. ¡Aprende a convertir cada suceso negativo en una oportunidad para agradecer! Sin embargo, debemos cuidarnos de no confundir gratitud con endeudamiento, que implica obligación y coerción. Un estilo de vida de gratitud no nace del temor ni del deber, sino de darnos cuenta de la generosidad y las bendiciones que disfrutamos de parte de Dios.

Alguien con una actitud de agradecimiento constante encontrará motivos para dar gracias incluso en los sucesos más cotidianos de la vida. Programar tu mente y tus pensamientos para mantener una "actitud de gratitud" permanente no te librará de los desafíos que la vida te presente, pero tu disposición alegre hará que salgas de esas situaciones más rápido y con mayor sabiduría.

Puede que las actitudes sean difíciles de cambiar, pero sigue siendo cierto que podemos transformarlas. Los viejos hábitos pueden parecer incrustados para siempre, pero la Palabra de Dios dice que somos NUEVAS CRIATURAS en Él (2 Cor. 5:17). Con la ayuda de Dios, puedes llegar a ser el hijo de Dios que Él desea que seas.

— 2 —
La Esencia De La Gratitud

"Un corazón agradecido es una de las características principales que identifica a un creyente. Contrasta de manera contundente con el orgullo, el egoísmo y la preocupación. Además, ayuda a fortalecer la confianza del creyente en el Señor y la dependencia de Su provisión, incluso en los tiempos más difíciles."

– John MacArthur

Un joven aprendió la importancia de la gratitud de una manera muy interesante. Recién graduado de la universidad, había presentado los exámenes para Contador Público Certificado (CPA, por sus siglas en inglés), los aprobó con gran éxito y se sentía muy orgulloso de sí mismo. Ya era un CPA con todas las de la ley.

El padre de este joven había llegado a Estados Unidos

como inmigrante y ahora tenía su propio negocio, aunque pequeño. El joven empezó a criticar la forma en que su padre llevaba los registros contables. Le dijo:
—Papá, ni siquiera sabes cuánto has ganado de utilidades. Aquí, en este cajón, están tus cuentas por cobrar. Allá, tienes tus recibos, y guardas el dinero en la caja registradora. No tienes la menor idea de cuánto has ganado.

El padre respondió "Hijo, cuando vine a este país, solo tenía un par de pantalones. Ahora, tu hermano es médico, tu hermana es profesora de arte y tú eres CPA. Tu madre y yo tenemos nuestra propia casa, un carro y este negocio. Súmalo. Resta el par de pantalones, y todo lo demás es ganancia."

¡Súmalo todo! Eso es exactamente lo que necesitamos hacer siempre: identificar y luego calcular todas las bendiciones que Dios nos ha dado. Para resumirlas de manera efectiva, solo hace falta recordar que llegamos a este mundo sin nada más que el alma eterna que Dios nos entregó. Todo lo demás es ganancia. Y por ello debemos estar siempre agradecidos.

Steve Gooch, líder de la mayoría en el Senado del Estado de Georgia, dijo una vez: "Sentir gratitud significa estar agradecido por lo que hay en tu vida en este preciso momento. Es un proceso de notar las cosas simples de la vida, como el calor del sol en tu piel, la caricia suave de la brisa en tu cabello, cada respiración que tomas o el canto de las aves y el sonido de las gotas de lluvia al caer en la ventana o en el pavimento. Es un proceso de contar tus bendiciones, grandes y pequeñas. Cuando puedes hacer esto con regularidad, tu vida se transforma y atraes más de lo mismo."

Cuando llenamos nuestra mente de gratitud, casi no queda espacio para la depresión, la crítica y otras emociones tóxicas que atraen resultados negativos a nuestras vidas. Al expresar nuestro aprecio por todo lo bueno que Dios y otras personas hacen por nosotros, esparcimos la bondad de la gratitud a nuestro alrededor y terminamos atrayendo bendiciones aún mayores a nuestra vida.

Me gusta animar a la gente a no dejar cabida a sentimientos negativos como la ansiedad y el desánimo, porque yo mismo los he experimentado muchas veces y sé que Dios siempre actúa. No malgasto mi energía preocupándome por lo que es posible o imposible. Prefiero invertir mi energía en agradecer a Dios. Filipenses 4:6-7 dice: *"Por nada estéis afanosos, sino que sean conocidas vuestras peticiones delante de Dios en toda oración y ruego, con acción de gracias; y la paz de Dios, que sobrepasa todo entendimiento, guardará vuestros corazones y vuestros pensamientos en Cristo Jesús."* ¡Esa es la técnica de Dios! La acción de gracias tiene un poder inmenso porque hace que Dios irrumpa en tu situación; y cuando Dios interviene, elimina tu estrés y tu angustia.

¿Por qué es importante ser agradecidos?

1. La gratitud es la voluntad de Dios. Ser agradecidos agrada a Dios. De acuerdo con 1 Tesalonicenses 5:18 (NVI), debemos *"dar gracias en toda situación, porque esta es su voluntad para [nosotros] en Cristo Jesús."* La gratitud es la respuesta que Dios desea de nosotros porque le produce gozo. No solo la actitud de gratitud es agradable, sino que también crea un memorial eterno delante de Dios cuando hacemos un esfuerzo especial por honrarlo profundamente.

Observa el siguiente pasaje y cómo reacciona Jesús cuando la gente que rodeaba a una mujer que se acercó para honrarlo y agradecerle la juzgó con dureza. Jesús elogió a la mujer por haber hecho una buena obra y le aseguró que Dios jamás olvidaría su acto de gratitud:

> *Y estando Jesús en Betania, en casa de Simón el leproso, se le acercó una mujer con un frasco de alabastro con un perfume muy costoso, y lo derramó sobre su cabeza mientras estaba sentado a la mesa. Al ver esto, los discípulos se indignaron, y dijeron: "¿Para qué este desperdicio? Pues este perfume podía haberse vendido a gran precio, y haberse dado a los pobres." Pero Jesús, dándose cuenta de ello, les dijo: "¿Por qué molestáis a la mujer? Ha hecho una buena obra conmigo. A los pobres los tendréis siempre con vosotros, pero a mí no siempre me tendréis. Al derramar este perfume sobre mi cuerpo, lo ha hecho para mi sepultura. De cierto os digo que, dondequiera que se predique este evangelio en todo el mundo, se contará también lo que ella ha hecho, para memoria de ella."*
>
> *— Mateo 26:6-13 —*

2. La acción de gracias nos ayuda a reconocer todos los beneficios que Dios nos ha otorgado. Imagina pasar por la vida sin detenerte a reconocer las cosas buenas que Dios ha hecho por ti. Cuando tendemos a dar gracias, con mayor facilidad reconocemos que todo lo bueno que disfrutamos proviene de Dios. Debemos unirnos al antiguo David y decir: *"Bendice, alma mía, a Jehová, y bendiga todo mi ser su santo nombre. Bendice, alma mía, a Jehová, y no olvides ninguno de sus beneficios"* (Sal. 103:1-2). Otro salmo pregunta: *"¿Qué pagaré a Jehová por todos sus beneficios para conmigo?"* (Sal. 116:12). Hacer esa pregunta es señal de que reconocemos las misericordias que recibimos de Dios.

3. Dar gracias con un corazón agradecido es señal de una memoria sana. Es humano ser olvidadizos, en especial cuando hemos recibido mucho sin trabajar demasiado por ello. Quien da gracias demuestra cuánto valora lo que ha recibido. Dios sabe que tendemos a olvidar, por lo que encargó a los hijos de Israel (y por extensión, a nosotros) que *"cuídate de no olvidarte de Jehová, que te sacó de la tierra de Egipto, de casa de servidumbre"* (Deut. 6:12). En una de sus más poderosas composiciones, el dulce salmista de Israel les ordena *"acordaos de las maravillas que él ha hecho, de sus prodigios y de los juicios de su boca"* (1 Crón. 16:12).

4. La acción de gracias fomenta la satisfacción y abre nuestro corazón a los demás. Al reconocer la benevolencia de Dios, también aprendemos la satisfacción, y nos resulta más sencillo desprendernos de nuestras posesiones para bendecir y ayudar a otros. El apóstol Pablo lo dice con toda claridad: *"Porque nada trajimos a este mundo, y sin duda nada podremos sacar. Así que, teniendo sustento y abrigo, estemos contentos con esto"* (1 Tim. 6:7-8). Ser agradecidos es señal de contentamiento y de que reconocemos ser beneficiarios de la generosidad de Dios; demuestra que entendemos que Dios nos ha capacitado para ayudar a personas que pueden estar en mayor necesidad que nosotros.

5. La gratitud te mejora, mientras que la ingratitud te amarga. Una persona desagradecida no recuerda lo que Dios ha hecho por ella y, ante el más mínimo desafío, se enoja con Dios y con todos a su alrededor. La ingratitud, reflejada en quejas y murmuraciones, esparce una influencia oscura y corrosiva sobre el alma. No es de extrañar que el Salmo 77:3 afirme: *"Me quejé, y se turbó mi espíritu."*

6. Una persona positiva y agradecida es un gran testimonio en este mundo lleno de tinieblas. Solo brillamos cuando somos agradecidos. Nuestra luz resplandece para el Señor cuando vivimos, respiramos y expresamos agradecimiento. Como cristianos, se nos instruye a *"hacer todo sin murmuraciones ni discusiones, para que seáis irreprensibles y sencillos, hijos de Dios sin mancha en medio de una generación maligna y perversa, en medio de la cual resplandecéis como luminares en el mundo"* (Fil. 2:14-15). En lugar de fijarnos en lo negativo de nuestras vidas y quejarnos, debemos buscar lo positivo y dar gracias.

7. La gratitud glorifica a Dios. Esta es una de las mejores razones para dar gracias, pues nos mantiene humildes y dirige nuestra atención a Dios. Alabar al Dador por encima de los dones magnifica a Dios. Saber que todo lo que tenemos no resulta de nuestro esfuerzo, sino de la obra de Dios, nos capacita para ser agradecidos y bondadosos.

La Biblia nos dice que *"mientras más y más personas reciban la gracia de Dios, habrá abundante acción de gracias y Dios recibirá más y más gloria"* (2 Cor. 4:15 NTV).

Beneficios personales de la gratitud

1. La gratitud nos da una mejor percepción de Dios. La gratitud abre nuestros ojos espirituales para ver lo que Dios está haciendo en y a nuestro alrededor. Cuanto más le damos gracias a Dios, más percibimos Su mano en todo lo que nos concierne. La gratitud nos ayuda a sentir la presencia, provisión y poder de Dios. Santiago 1:17 (NVI) nos recuerda: *"Toda buena dádiva y todo don perfecto descienden de lo alto, donde está el Padre que creó las lumbreras celestes."* La gratitud es el medio por el cual descubrimos estos dones y al Dador de dichos dones.

2. La gratitud nos hace más felices y aumenta nuestra autoestima. ¿Sabías que con solo anotar durante cinco minutos al día aquello por lo que estás agradecido puedes incrementar tu felicidad a largo plazo en más de un 10%? Según diversos estudios, centrarnos en lo bueno de nuestra vida, en lugar de lo malo, puede ayudarnos a sentirnos más optimistas. Quienes completaron un programa de contemplación de la gratitud durante un mes reportaron mayor satisfacción con la vida y autoestima en comparación con quienes no lo hicieron. La gratitud puede ayudarte a ver tu situación actual de manera más positiva, lo cual conlleva a sentirte mejor contigo mismo.

3. La gratitud trae paz y mejora el sueño. La gratitud nos recuerda que Dios sigue teniendo el control de nuestra vida y nuestras circunstancias. Filipenses 4:6-7 dice que, cuando damos a Dios nuestras alabanzas y acción de gracias, Él nos concede una paz indescriptible: *"Por nada estéis afanosos; antes bien, en todo, mediante oración y súplica, con acción de gracias, presentad vuestras peticiones delante de Dios. Y la paz de Dios, que sobrepasa todo entendimiento, guardará vuestros corazones y vuestros pensamientos en Cristo Jesús."*

Después de un experimento de gratitud de tan solo dos semanas, se observó en los participantes una mejora notable en la calidad del sueño y una disminución en la presión arterial, lo que redundó en un mayor bienestar. Si tienes problemas para dormir o despertar con cansancio, intenta hacer un breve ejercicio de journaling de gratitud antes de acostarte; podría marcar la diferencia entre sentirte letárgico o lleno de energía por la mañana.

4. La gratitud produce gozo. Un corazón lleno de gratitud derrama gozo de manera natural. Incluso rodeados de adversidad, reconocer la generosa bondad de Dios abre la puerta para que la alegría y el contentamiento nos inunden. Las Escrituras relatan cómo los exiliados hebreos cantaron agradecidos a Dios por devolverlos a Israel: *"Cuando el Señor hizo volver a Sion a los cautivos, nos parecía estar soñando. Nuestra boca se llenó de risas; nuestra lengua, de canciones jubilosas. Hasta los otros pueblos decían: 'El Señor ha hecho grandes cosas por ellos.' Sí, el Señor ha hecho grandes cosas por nosotros, y eso nos llena de alegría."* (Sal. 126:1-3).

5. La gratitud combate la depresión y los pensamientos suicidas. Un estudio sobre los efectos de la gratitud en la depresión, la capacidad de afrontamiento y el riesgo de suicidio mostró que la gratitud es uno de los factores que protegen a las personas estresadas y deprimidas contra los pensamientos suicidas. Practicar conscientemente la gratitud puede ayudarnos a protegernos en tiempos de fragilidad mental y emocional. En la Biblia, el agradecimiento y la alabanza actúan como antídotos contra la depresión y los pensamientos oscuros. Según Isaías 61:3, Dios provee *"óleo de gozo en lugar de luto" y "manto de alegría en lugar del espíritu abatido."*

6. La gratitud impacta positivamente el bienestar psicológico y la salud integral. En 2017, investigadores descubrieron que un alto nivel de gratitud influye de manera significativa en el bienestar psicológico, la autoestima y la depresión. En términos más sencillos, obtenemos los mejores beneficios de la gratitud al expresarla de manera regular, un hábito que podemos desarrollar con práctica y compromiso. Además, la gratitud promueve la atención plena (mindfulness), sobre todo cuando estamos en un estado de descanso y asimilación. Si te sientes agradecido, también eres más consciente del mundo que te rodea; no puedes sentir gratitud sin darte cuenta de lo que experimentas.

Una cosa importante que debes tener presente: no es posible sentir gratitud y miedo o ansiedad al mismo tiempo. Disfrutamos de importantes beneficios para la salud cuando no vivimos en el estado de estrés *"lucha o huida."* En lugar de preocuparte por lo que no tienes, ¿por qué no agradecer por lo que sí tienes?

7. La gratitud nos protege contra la envidia y los celos. Es la envidia la que nos hace desear lo que otra persona posee. La gratitud nos ayuda a entender que Dios nos ha dado mucho más de lo que merecemos. Como hay suficiente para todos, podemos alegrarnos por el éxito de otros en lugar de compararnos con ellos. Un corazón verdaderamente agradecido no deja espacio para la envidia. No es extraño que el salmista diga en el Salmo 138:1: *"Te alabaré con todo mi corazón."* La evidencia científica también muestra que la gratitud reduce la envidia, promueve emociones positivas y nos hace más resilientes. Al fin y al cabo, si estamos agradecidos por lo que tenemos, ¿qué lugar queda para la envidia?

8. La gratitud es un testimonio. Cuando agradecemos

abiertamente a Dios y reconocemos lo que Él ha hecho por nosotros, declaramos al mundo que Dios es amoroso y misericordioso, y que nuestra satisfacción y paz se basan en Quién conocemos y no en lo que poseemos. Es nuestro deber hacer saber a todos lo bueno que es nuestro Padre. *"Dad gracias al Señor, proclamad Su grandeza; contad a todos los pueblos lo que Él ha hecho"* (Sal. 105:1).

9. La gratitud es una puerta de entrada a la grandeza. Como vimos en el capítulo anterior, la gratitud fue la vía por la que David alcanzó la grandeza. Dios lo hizo rey y él decidió danzar; en cambio, la persona a la que sustituyó (Saúl) nunca danzó para Dios, según la Biblia. Esto implica que, cada vez que agradecemos a Dios, vencemos y desplazamos a nuestros competidores. Siempre que te encuentres en una competencia, alaba y da gracias a Dios, y Él te elevará al siguiente nivel.

La promoción no viene ni del este ni del oeste, sino de lo alto. Así que, si quieres destacar por encima de quienes te rodean en tu lugar de trabajo, expresa más agradecimiento que ellos. Hay una forma de agradecer a tus clientes que hará que no duden en seguir recurriendo a ti. Por tanto, aprende a valorar a la gente, incluso mientras ofreces valor en lo que haces.

Beneficios sociales de la gratitud

1. La gratitud fortalece los vínculos familiares y las amistades. A todo el mundo le gusta que reconozcan su buena labor; así que, cuando expresamos gratitud a los miembros de nuestra familia y a nuestros amigos por ser fieles y leales, esto mejora enormemente la relación con ellos. Incluso Dios nos muestra la importancia de ser agradecidos con Su pueblo: *"Porque Dios no es injusto para olvidar vuestra obra y el trabajo de amor que habéis mostrado hacia Su nombre, habiendo servido a los santos y sirviéndoles aún"* (Heb. 6:10).

Los adolescentes y adultos jóvenes capaces de encontrar lo positivo en su vida pueden afrontar más fácilmente situaciones difíciles, como una enfermedad grave en la familia. Quienes comunican su gratitud a sus amigos suelen resolver mejor las diferencias y tener una percepción más positiva de ellos. Mostrar gratitud a nuestros seres queridos es una excelente forma de hacernos sentir bien a ambos y de fortalecer la relación en general.

2. Ser una persona agradecida hace que la gente nos aprecie más. Aquellos que cultivan la gratitud cuentan, por lo general, con una red social más amplia, más amistades y mejores relaciones. La gratitud crea la impresión de que somos más confiables, sociables y considerados. Un ejemplo concreto es que, cuando mostramos gratitud a quienes nos ayudan, evitamos sentir envidia y resentimiento, y también huimos de la sensación de estar "con derecho." Nos convertimos en ese amigo que todos disfrutan tener cerca.

3. La gratitud promueve el altruismo y la filantropía. Ayudar a los demás es una forma en que las personas expresan gratitud. A medida que retribuimos la bondad que hemos recibido de Dios y de otras personas, la sociedad se beneficia y todos ven cubiertas sus necesidades. Como cristianos, Dios espera que *"a los ricos de este siglo mandes que no sean altivos, ni pongan la esperanza en las riquezas* *inestables, sino en el Dios vivo, que nos da todas las cosas en abundancia para que las disfrutemos; que hagan bien, que sean ricos en buenas obras, dadivosos, generosos"* (1 Tim. 6:17-18).

De hecho, la Biblia nos dice en 2 Corintios 9:12-13 (NTV) que nuestra generosidad hacia otros, derivada de la conciencia de que dependemos de la misericordia de Dios, producirá más agradecimiento hacia Él: *"Dos cosas buenas resultarán de este ministerio de dar: se satisfarán las necesidades de los creyentes en Jerusalén y ellos expresarán con alegría su agradecimiento a Dios. Como resultado del ministerio de ustedes, ellos darán gloria a Dios. Pues la generosidad de ustedes hacia ellos y hacia todos los creyentes demostrará que son obedientes a la Buena Noticia de Cristo."*

4. La gratitud ejerce una poderosa influencia en el lugar de trabajo. Las investigaciones confirman que la apreciación y el respeto en el lugar de trabajo ayudan a que los empleados se sientan integrados, acogidos y valorados en la organización. Esto resulta especialmente importante en las primeras etapas de la carrera de una persona, cuando los empleados más nuevos todavía se están adaptando y es menos probable que reciban el respeto de sus compañeros más experimentados.

La gratitud también mejora el rendimiento laboral de los empleados, ya que, cuando ellos confían en que su organización respalda sus necesidades, su agradecimiento aumenta y están más dispuestos a asumir responsabilidades adicionales.

Practicar la gratitud en el trabajo también puede influir de forma significativa en la salud mental, el estrés y la tasa de rotación del personal. Encontrar motivos para agradecer en el ámbito laboral, incluso en empleos estresantes, puede ayudar a proteger al personal de los efectos secundarios negativos de su trabajo.

Un ejemplo interesante que ilustra el impacto de la gratitud en la moral de un empleado es la historia de una mujer que trabajó como conserje en una compañía durante muchos años. Ser conserje suele ser un trabajo poco valorado que muchos considerarían "sucio" o, al menos, de baja categoría. Cuando la empresa cambió de propietario, esta mujer se planteó si era un buen momento para dejar su puesto, incluso jubilarse, si le era posible.

Pocos días después, el nuevo dueño escribió una nota de agradecimiento personal para cada empleado de la compañía, y le pidió a su asistente que las repartiera. Cuando la señora recibió la suya y la leyó, se echó a llorar y pidió permiso para retirarse ese día. Pensando que se sentía enferma, se lo concedieron.

Con el paso de los días, descubrieron que ella jamás había recibido ni siquiera un "gracias" de los anteriores propietarios o directivos, y eso que había trabajado allí casi 30 años. Se conmovió profundamente al saber que el nuevo dueño se había tomado el tiempo y la molestia de escribirle una tarjeta de agradecimiento, al punto de decidir seguir trabajando para la empresa tanto como pudiera.

La enseñanza aquí es que debemos expresar la bondad que hemos recibido.

Isaías 12:4 dice: *"Y diréis en aquel día: Alabad al Señor,*

invocad Su nombre, declarad Sus obras entre los pueblos, recordad que Su nombre es enaltecido." No seas alguien que no cuenta las maravillas de Dios. Si alguien ha sido amable contigo, esa persona espera ver si reconoces o no lo que ha hecho por ti. Imagina que invitas a unos amigos a cenar a tu casa y, después de comer, se van sin mostrar ninguna gratitud, diciendo únicamente: "Estuvo bien pasar el rato contigo; nos vemos luego." Seguramente no tendrías mucho entusiasmo en volver a invitarlos. Pero si, en cambio, me invitas a cenar a Jack in the Box y, además, me regalas 1000 dólares, y luego empiezo a contar a todo el mundo lo que has hecho por mí, es muy probable que la próxima vez también me invites, porque sabes que valoro las cosas buenas.

La Biblia dice que "un libro de memoria fue escrito" para aquellos que temen al Señor y piensan en Su nombre. Dios habita en todo lugar, no solo en la iglesia. Habla a la gente de lo bueno que Él ha sido contigo y no te atribuyas a ti mismo el mérito de haber "sobrevivido" gracias a tu sabiduría o fuerza. Decir "Escapé de ese accidente porque aprendí a conducir a la defensiva" ignora que hay quienes han manejado por 40 años, y un conductor ebrio terminó con su vida. Así que no es por tu sabiduría que Dios te guarda. Cuando Él ve que eres una persona agradecida, te seguirá librando de más problemas. A Dios le agrada que contemos lo que Él ha hecho en nuestras vidas. En el lugar de donde vengo, cuando das las gracias, algunos contestan "no lo menciones;" pero Dios no dice "no lo menciones," porque no es bíblico. ¡Menciona lo que Dios ha hecho entre los hombres!

— 3 —
Milagros De La Gratitud

"Cuando bendecimos a Dios por Sus misericordias, generalmente las prolongamos. Cuando bendecimos a Dios en medio de las miserias, generalmente las terminamos."

– Charles Spurgeon

En cierta ocasión leí sobre el medio extraordinario por el cual los ciudadanos de Feldkirch, en Austria, lograron escapar de la amenaza de destrucción que representaba el ejército invasor de Napoleón Bonaparte. Al principio, la gente estaba consternada y no sabía qué hacer. El ejército de Napoleón era enorme y tenía fama de implacable. Se había avistado a los soldados en las colinas sobre aquel pequeño pueblo, situado en la frontera con Austria. Se convocó de inmediato un consejo de ciudadanos para decidir si debían intentar defenderse o izar la bandera blanca de rendición.

Por fortuna, aquel día era Domingo de Resurrección, y la gente se reunió en la iglesia local. El pastor dijo: — Amigos, hemos confiado en nuestras propias fuerzas, y evidentemente han fallado. Dado que hoy es el día de la resurrección de nuestro Señor, hagamos sonar las campanas para adorar a Dios y dejemos el asunto en Sus manos. Solo conocemos nuestra debilidad, y no el poder de Dios para defendernos.

El consejo aceptó su plan y las campanas de la iglesia empezaron a sonar. Al oír el repique repentino, el enemigo concluyó que el ejército austriaco había llegado durante la noche para defender el pueblo. Antes de que terminara el servicio religioso, el enemigo levantó el campamento y se marchó.

Pruebas bíblicas

Un siervo de Dios afirmó con acierto que "se producen maravillas cuando el Soberano del universo es reconocido, adorado y puesto en Su debido lugar. Si quieres que Dios haga maravillas en tu vida, familia, ministerio y negocio,

¡vuélvete un adicto a la alabanza!" Efectivamente, al recorrer las Escrituras, encontramos abundantes pruebas de que las expresiones de gratitud no solo conllevan enormes beneficios físicos, psicológicos y sociales, sino también milagros sobrenaturales.

El Salmo 100 describe acertadamente la gratitud como "LA CONTRASEÑA DE DIOS" para recibir milagros y victorias. En la versión de The Message (traducción libre):

"¡De pie ahora—aplaudan a Dios!
Traigan una ofrenda de risa,
cántense a sí mismos hasta entrar en Su presencia.
Sepan esto: Dios es Dios, y Dios, Dios.
Él nos hizo; no fuimos nosotros quienes lo hicimos a Él.
Somos Su pueblo, Sus ovejas bien cuidadas.
Entren con la contraseña: '¡Gracias!'
Siéntanse como en casa, hablando alabanza.
Agradézcanle. Adórenle.
Porque Dios es pura hermosura,
generoso en amor,
leal siempre, por los siglos."
— Salmo 100:1-5 —

Sabemos qué sucede cuando ingresamos a la presencia de Dios con la contraseña correcta. La Biblia dice: *"En tu presencia hay plenitud de gozo; delicias a tu diestra para siempre"* (Sal. 16:11). Esto significa que entrar en la presencia de Dios con acción de gracias disipa toda fuerza o situación que limite nuestro gozo o contradiga el deseo de Dios para nuestra vida. No es de extrañar que encontremos distintas manifestaciones de liberación, victorias y "cielos abiertos" apenas el pueblo de Dios, a lo largo de las Escrituras, se vestía con ropas de gratitud hacia Él.

La Biblia está repleta de ejemplos de cómo la gratitud puede traer una dimensión completamente nueva de milagros. En la vida de Jesús, el Maestro hizo de dar gracias a Dios una costumbre —no es de extrañar que caminara en tanto poder—. También hallamos sucesos similares en la vida de otros personajes bíblicos. A continuación, veremos cinco ejemplos de milagros bíblicos que la gratitud puede generar en nuestra vida, familia, comunidad e iglesia.

El milagro de la multiplicación y la abundancia
En el Evangelio de Mateo, vemos cómo Jesús y Sus discípulos se enfrentaron a un problema (humanamente) complicado: alimentar a la multitud que había acudido a

escuchar la Palabra de Dios en el desierto. Para los discípulos, aquello era un asunto insoluble dada la ubicación y la gran cantidad de gente. Pero Jesús conocía la clave exacta para abrir el almacén celestial de la abundancia, y la usó con rapidez. ¡El resultado fue más que asombroso!

> *"Y llamando Jesús a sus discípulos, dijo: Tengo compasión de la multitud, porque ya hace tres días que están conmigo y no tienen qué comer; y no quiero despedirlos en ayunas, no sea que desmayen en el camino. Entonces sus discípulos le dijeron: ¿De dónde obtendremos tanto pan en el desierto para saciar a una multitud tan grande? Jesús les preguntó: ¿Cuántos panes tenéis? Y ellos dijeron: Siete, y unos pocos pececillos. Y mandó a la multitud que se recostase en tierra. Tomó los siete panes y los peces, y dando gracias, los partió y dio a sus discípulos, y los discípulos a la multitud. Y comieron todos, y se saciaron; y recogieron de lo que sobró, siete canastas llenas. Y los que comieron fueron cuatro mil hombres, sin contar las mujeres y los niños."*
> *— Mateo 15:32-38 —*

La gratitud atrae la abundancia y el incremento exponencial. Al expresar un sincero agradecimiento a Dios por lo que Él te ha dado —por pequeño que parezca—, lo provocas a desatar tal abundancia que ni siquiera podrás imaginarla.

Para recalcar este punto, observemos de nuevo aquel milagro. La Biblia habla de cinco panes de pan para cinco mil personas. Así que, en las matemáticas de Dios, cada pan resolvió mil problemas. La última vez que revisé, una sola persona no puede tener mil problemas, lo cual significa que todo lo que necesitas es ver ese único pan. Si examinas tu vida, descubrirás que lo tienes.

Esa cosa buena que está ocurriendo en tu vida es tu "pan de pan." Cuando te centras en eso —ese milagro que Dios ya ha hecho—, es todo lo que Él necesita para cambiar tu situación. Haz simplemente lo que hizo Jesús: da gracias por lo que tienes y da un paso de fe hacia el avance que anhelas. Dios, sin duda, te sorprenderá. Su provisión a través de la acción de gracias puede cubrir cada una de tus necesidades. Dios no necesita hacerlo todo; solo hace falta que te muestre una bendición. Y mientras Le agradezcas, ¡se multiplicará!

Dr. John Aniemeke

El Milagro de la Recuperación y la Restauración

Servimos a un Dios para quien no existe la imposibilidad. Él es el Dios de vivos, no de muertos, lo que significa que vivifica todo aquello que aparentemente esté muerto o dañado en nuestra vida, y también restaura todo lo que hayamos perdido ante el enemigo. Sin embargo, el secreto para experimentar estos milagros radica en saber usar la contraseña de la gratitud. Jesús nos enseñó exactamente cómo hacerlo en la resurrección de Lázaro:

> *"Entonces, cuando Jesús la vio llorando, y a los judíos que la acompañaban también llorando, se estremeció en espíritu y se conmovió, y dijo: '¿Dónde le pusisteis?' Le dijeron: 'Señor, ven y ve.' Jesús lloró.*
>
> *Dijeron entonces los judíos: 'Mirad cuánto le amaba.' Y algunos de ellos dijeron: '¿No podía este, que abrió los ojos al ciego, haber hecho que Lázaro no muriera?'*
>
> *Jesús, profundamente conmovido otra vez en sí mismo, vino al sepulcro. Era una cueva, y tenía una piedra puesta encima. Dijo Jesús: 'Quitad la piedra.'*
>
> *Marta, la hermana del que había muerto, le dijo: 'Señor, hiede ya, porque es de cuatro días.'*

> *Jesús le dijo: '¿No te he dicho que si crees, verás la gloria de Dios?'*
>
> *Entonces quitaron la piedra de donde había sido puesto el muerto. Y Jesús, alzando los ojos a lo alto, dijo: 'Padre, te doy gracias porque me has oído. Yo sabía que siempre me oyes; pero lo dije a causa de la multitud que está alrededor, para que crean que Tú me has enviado.'*
>
> *Y habiendo dicho esto, clamó a gran voz: '¡Lázaro, ven fuera!' Y el que había muerto salió, atado los pies y las manos con vendas, y el rostro envuelto en un sudario. Jesús les dijo: 'Desatadle, y dejadle ir.'"*
>
> —Juan 11:33-44—

Jesús no permitió que la atmósfera de desesperanza, tristeza y cinismo a Su alrededor lo empujara a una frenesí de oraciones de "atar y desatar" sobre Lázaro. Aunque el hombre llevaba muerto cuatro días y ya comenzaba a descomponerse, Jesús sabía que la acción de gracias podía hacer que Dios obrara lo increíble. ¡Y Dios comprobó que Su confianza estaba bien fundada!

Dr. John Aniemeke

El Milagro de la Perfección del Propósito de Dios

Dios se mueve para perfeccionar toda buena obra que haya comenzado en nuestra vida cuando encontramos tiempo para agradecerle lo que ya ha hecho. Esto es precisamente lo que ocurrió con el leproso agradecido de Lucas:

> *"Yendo Jesús a Jerusalén, pasaba entre Samaria y Galilea. Y al entrar en una aldea, le salieron al encuentro diez hombres leprosos, los cuales se pararon de lejos; y alzaron la voz, diciendo: '¡Jesús, Maestro, ten misericordia de nosotros!'*
>
> *Cuando Él los vio, les dijo: 'Id, mostraos a los sacerdotes.' Y aconteció que mientras iban, fueron limpiados. Entonces uno de ellos, viendo que había sido sanado, volvió glorificando a Dios a gran voz, y se postró rostro en tierra a Sus pies, dándole gracias; y éste era samaritano.*
>
> *Respondiendo Jesús dijo: '¿No son diez los que fueron limpiados? ¿Y los nueve, dónde están? ¿No hubo quien volviese y diese gloria a Dios sino este extranjero?'*
>
> *Y le dijo: 'Levántate, vete; tu fe te ha salvado.'"*
>
> —Lucas 17:11-19—

Como sucede hoy con muchas personas, los otros leprosos se dejaron llevar por su propia sanidad y olvidaron expresar gratitud a Aquel cuyas palabras les habían dado el milagro. Sin embargo, uno de los beneficiados volvió para dar gracias, y la reacción de Jesús muestra claramente que Dios sí espera nuestra acción de gracias por lo que ha hecho. ¿La razón? Para que Él pueda hacer aún más por nosotros.

Observa con detenimiento los gestos sinceros de este leproso agradecido. La Biblia dice que "se volvió glorificando a Dios a gran voz," lo cual señala que su respuesta tenía un profundo carácter espiritual. Alabar a Dios en alta voz indica que no fue simplemente un "gracias" superficial, sino un acto intencional de dar gloria a Dios. Nuestra actitud hacia Dios cuando nos muestra Su misericordia no puede ser casual o descuidada. Si Dios te bendice por encima de tus semejantes y te muestra una misericordia inmerecida, no debes actuar como si lo hubieras merecido. La verdadera gratitud fluye de manera incontenible. También se nos dice que *"se postró rostro en tierra a Sus pies,"* lo cual implica una postura de adoración genuinamente agradecida.

En cualquier área de tu vida en la que sigas esperando la intervención de Dios, nunca olvides agradecerle por lo que ya ha hecho. ¡Con toda seguridad Él perfeccionará lo que te concierne!

El Milagro de la Victoria sobre los Enemigos

En 2 Crónicas, la Biblia relata que tres reyes movilizaron un gran ejército para destruir al pueblo de Judá. Entonces se presentó un profeta, quien animó al rey Josafat a no temer porque Dios le daba la victoria sobre sus enemigos. Este sabio rey creyó el mensaje y guio a su pueblo a alabar a Dios. Cuando llegaron al campo de batalla, lo único que tuvieron que hacer fue llevarse el botín. ¡Los enemigos se habían aniquilado entre sí

> *"Pasadas estas cosas, aconteció que los hijos de Moab y de Amón, y con ellos otros de los amonitas, vinieron contra Josafat a la guerra. Y acudieron algunos y dieron aviso a Josafat, diciendo: 'Contra ti viene una gran multitud de más allá del mar, y de Siria; y he aquí que están en Hazezón-tamar, que es En-gadi.'*
>
> *Entonces él tuvo temor; y Josafat humilló su rostro para consultar a Jehová, e hizo pregonar ayuno a todo Judá.*

Y se reunieron los de Judá para pedir socorro a Jehová; y también de todas las ciudades de Judá vinieron a pedir ayuda a Jehová...

Y estaba Jahaziel hijo de Zacarías, hijo de Benaía, hijo de Jeiel, hijo de Matanías, levita de los hijos de Asaf; y vino el Espíritu de Jehová en medio de la reunión; y dijo: 'Oíd, todo Judá, y vosotros moradores de Jerusalén, y tú, rey Josafat. Jehová os dice así: No temáis ni os amedrentéis delante de esta multitud tan grande, porque no es vuestra la guerra, sino de Dios. Mañana descenderéis contra ellos; he aquí que subirán por la cuesta de Sis, y los hallaréis junto al arroyo, antes del desierto de Jeruel. No habrá para qué peleéis vosotros en este caso; paraos, estad quietos, y ved la salvación de Jehová con vosotros, oh Judá y Jerusalén. No temáis ni desmayéis; salid mañana contra ellos, porque Jehová estará con vosotros...'

Y habido consejo con el pueblo, puso a algunos que cantasen y alabasen a Jehová, vestidos de ornamentos sagrados, mientras salía la gente armada, y que dijesen: 'Glorificad a Jehová, porque Su misericordia es para siempre.' Y cuando comenzaron a entonar cantos de alabanza, Jehová puso contra los hijos de Amón, de Moab y del monte de Seir, las emboscadas de ellos mismos que venían contra Judá, y se mataron los unos a los otros. Porque los hijos de Amón y de Moab se levantaron contra los del monte de Seir para matarlos y destruirlos; y cuando hubieron acabado con los del monte de Seir, cada cual ayudó a la destrucción de su compañero.

Y luego que vino Judá a la atalaya del desierto, miraron hacia la multitud; y he aquí, yacían ellos en tierra muertos, pues ninguno había escapado. Viniendo entonces Josafat y su pueblo a despojarlos, hallaron entre los cadáveres muchas riquezas y joyas preciosas que tomaron para sí, tantos despojos que no los podían llevar; y estuvieron tres días recogiendo el botín, porque era mucho."

—2 Crónicas 20:1-30—

¡Qué gran milagro obró Dios para Su pueblo! Cuando tomamos el tiempo y el esfuerzo de alabarle, Él aplasta a todo enemigo que busque destruirnos o amargarnos la vida. ¿Qué batalla, conspiración o dilema te confronta hoy? ¿Qué crees que no podrás superar? Deja de preocuparte y empieza a adorar a Dios en la hermosura de Su santidad.

El Milagro de las Puertas Abiertas, Cadenas Rotas y Limitaciones Desmanteladas.

Pablo y Silas fueron encarcelados y encadenados por cumplir con la Gran Comisión. Podrían haberse sentido desanimados y abrumados, pero en lugar de eso, escogieron agradecer a Dios. Lo que sucedió después hizo temblar a todos ante el impresionante poder de Dios:

"Pero a media noche, orando Pablo y Silas, cantaban himnos a Dios; y los presos los oían. Entonces sobrevino de repente un gran terremoto, de tal manera que los cimientos de la cárcel se sacudían; y al instante se abrieron todas las puertas, y las cadenas de todos se soltaron."

—*Hechos 16:25-26*—

Como vemos en estos ejemplos, lo que a veces necesitamos para nuestro avance no son días interminables de ayuno y oración, sino un desborde de gratitud hacia Dios por lo que Él es, por lo que puede hacer y por lo que ya hizo en el pasado. Cuando elevamos nuestras alabanzas a Él, podemos sentarnos a contemplar cómo se muestra triunfante ante cualquier montaña, dificultad u oposición que enfrentemos.

Tu Gratitud Provoca tu Avance

Lo que nos enseñan estos milagros de la gratitud es que

lo único que requieres para el progreso que esperas es un sincero "empujón de gratitud." Cuando nada parece suceder en tu vida o estás confundido, no te quedes ahí; sujeta con fuerza hasta la cosa más pequeña por la que puedas estar agradecido y levanta tus manos para alabar a Dios.

Si comprendes este secreto, nunca estarás estancado ni confuso en la vida. Incluso cuando te sientas atrapado y nada funcione, de la nada surgirá un rayo de esperanza y aliento. No permanezcas en la zona de desánimo que el diablo te tiende. Usa esa chispa de ánimo como palanca para tu avance en Jesús. Imagina tu desánimo como una gran pared o barricada con una pequeña grieta de bendición; la sabiduría dicta que sigas golpeando con fuerza esa grieta hasta que se produzca tu liberación.

Nunca te convenzas de que una bendición es demasiado pequeña para derribar ese muro. Mientras continúes golpeando esa grieta de bendición con oleadas de acción de gracias, la puerta de los milagros se abrirá ante ti. Sé intencional en buscar algo por lo cual puedas darle gracias a Dios en medio de todo lo que va mal. Contempla la mano de Dios en un área de tu vida, sigue dándole las gracias y olvídate de lo que no ha hecho aún. Cuanto más le agradezcas por esa sola cosa, más estallidos de milagros y más oportunidades de gratitud Dios te concederá. ¡Sigue agradeciéndole!

— 4 —
La Gratitud Por Las Cosas Pequeñas

"Un corazón agradecido es como un imán que recorre el día, recogiendo razones para agradecer."
– Max Lucado

La señora Klein pidió a sus alumnos de primer grado que dibujaran algo por lo cual estuvieran agradecidos. Douglas, un niño a menudo retraído que solía sentarse a su lado durante el recreo, presentó un dibujo que sorprendió a la maestra. Su dibujo era simplemente una mano, sin más detalles.

La clase propuso distintas ideas sobre lo que podía significar: "Creo que podría ser la mano de Dios que nos trae comida." Otro alumno dijo: "Podría ser la mano de un granjero, porque ellos cultivan los pavos." Alguien más comentó: "Se parece más a la mano de un policía que nos protege."

"Pienso," dijo Lavinia, quien vestía un delantal azul a rayas y hablaba con seriedad, "que representa todas las manos que nos ayudan, pero Douglas solo pudo dibujar una de ellas."

Más tarde ese mismo día, la señora Klein le preguntó a Douglas de quién era esa mano. Él musitó: "Es su mano, maestra."

La señora Klein recordó que, en varias ocasiones, había tomado a Douglas de la mano para guiarlo a la respuesta correcta en un libro o para entregarle un lápiz cuando le faltaba. Saber que algo tan simple significaba tanto para Douglas la dejó sin palabras. (Parafraseado de Reader's Digest)

Apreciar las cosas pequeñas

Un tipo de gratitud particular es la que sentimos y expresamos por las cosas pequeñas. La Biblia nos insta a dar gracias por todo, incluidas esas cosas cotidianas y casi imperceptibles que, en apariencia, carecen de importancia.

Como creyentes agradecidos, debemos aprender a ser intencionales, prestar atención y actuar incluso ante lo más sencillo. Cuando no reconocemos ni valoramos las cosas pequeñas, la vida se vuelve menos conmovedora; disminuyen la maravilla y el asombro que podemos sentir, y nos perdemos las sensaciones asociadas a la valoración y el agradecimiento.

Ser agradecidos por las cosas pequeñas de la vida implica enfocarnos en aquello que nos nutre y sostiene, en todo lo que nos brinda aunque sea una pequeña cuota de satisfacción. También implica practicar la gratitud al notar las cosas cotidianas que solemos dar por sentadas.

La mayoría de nosotros pasa por alto, muy a menudo, todo lo hermoso y asombroso que nos rodea. Entre estudios, trabajos, negocios, ministerios y obligaciones familiares, resulta fácil olvidar, en los días ajetreados, la belleza y la bondad de la creación de Dios. ¿Cuándo fue la última vez que te detuviste a admirar algo tan único e increíble como una flor, una mariposa, una nube o un hermoso paisaje de montañas o de agua en la distancia? Si no lo recuerdas,

¡haz una pausa y contempla alguna de estas maravillas hoy mismo!

Sentir gratitud por cosas pequeñas nos enfoca en Dios, el Creador de todo, grande o pequeño. Asimismo, esta clase de gratitud nos conecta con quienes nos rodean y nos ayuda a comprender que las cosas siempre podrían ser peores de lo que son ahora. Ablanda nuestro corazón, nos vuelve más compasivos y nos permite ser menos críticos y más tolerantes con los demás.

Procura encontrar lo mejor en cada situación —sea positiva o negativa— y sé agradecido por lo que cada experiencia te enseña. Si te centras en sentir gratitud cada día, aportarás más amor y alegría a tu vida y a la de quienes te rodean. Por desgracia, no valoramos las cosas sencillas de la vida hasta que están amenazadas, se alteran o las perdemos, algo que ocurre con demasiada frecuencia. En ocasiones, la gente no se da cuenta de lo importantes que son los pequeños detalles hasta que es demasiado tarde.

Cómo agradecer por las cosas pequeñas

Una práctica esencial para aprender a valorar las cosas simples de la vida es permitirnos impresionarnos con facilidad. "Impresionarse fácilmente" no significa ser ingenuos o faltos de criterio; al contrario, implica que no necesitamos grandes estímulos para sentir asombro. Basta con prestar atención activa a las cosas buenas que pasan a nuestro alrededor para quedar fascinados por la belleza de la vida. Para asombrarnos de verdad con las cosas más simples, debemos buscar lo positivo en cada suceso, apreciar los pequeños milagros que ocurren a diario, centrarnos en los aspectos notables de la gente y las situaciones, y abandonar la actitud arrogante y errónea de "ya lo he visto todo."

Cuando somos "difíciles de impresionar," también nos resulta más difícil ser felices, agradecidos y sentirnos plenos, que son bases fundamentales para una vida dichosa. La vida se vuelve mucho más entretenida y emocionante cuando nos permitimos impresionarnos con facilidad. Mantén tu capacidad de asombro despierta para vivir lleno de gozo y gratitud. Recuerda que la vida es un milagro, las personas son maravillosas y tú eres increíble. Sin embargo, solo disfrutaremos ese carácter fantástico si les prestamos atención a los detalles y dejamos que nos impacten de manera positiva y valiosa.

Otro hábito fundamental que fomenta la gratitud por las cosas pequeñas es no sentirse ofendido con facilidad. Ser "difícil de ofender" no significa renunciar a nuestros valores o convicciones, sino permitir que los demás —y las cosas— sean tal y como son. Con demasiada frecuencia, nos tomamos de forma personal asuntos que no tienen nada que ver con nosotros. Reaccionar de inmediato ante todo nos roba la libertad y la paz interior. Piensa un momento en lo que te irrita o te altera. ¿Hay situaciones o personas que te molestan especialmente? Cuando permites que alguien o algo te ofenda, puedes perderte el verdadero propósito. Te quedas atrapado en la ofensa percibida y pasas por alto la razón por la que Dios permitió esa vivencia. Si te das un tiempo para comprender qué te detona, podrás reconocer la fuente de esas emociones y pensamientos. Es importante no dar a los demás el poder de manejar tu estado emocional.

Por desgracia, solemos mezclar estas dos posturas: somos "difíciles de impresionar" y al mismo tiempo "fáciles de ofender." La mejor forma de cambiar esta tendencia es empezar a apreciar lo simple. Debemos mantener una actitud de gratitud constante y entrenar nuestra mente para pensar y decir cosas como: "Estoy agradecido por…"

…los impuestos que pago, porque significa que tengo un empleo remunerado.

…la pareja que acapara las cobijas por la noche, porque significa que no está fuera con otra persona.

el adolescente que no friega los platos y se pasa el día con la televisión o la tablet, porque significa que está en casa y no en la calle.

…la ropa que me queda un poco ajustada, porque significa que tengo suficiente para comer.

…mi sombra que me acompaña mientras trabajo, porque significa que estoy al sol.

…la persona que me ofendió, porque me da la oportunidad de mostrar el carácter de mi Padre celestial al perdonarla.

…el césped que necesita ser cortado, las ventanas que precisan limpieza y las canaletas que hay que arreglar, porque significa

que tengo un hogar.

...el sitio que encuentro al final del estacionamiento, porque significa que puedo caminar.

...la comida del restaurante que sabe muy salada, porque significa que mis papilas gustativas funcionan bien.

...mi abultada factura de calefacción, porque significa que estoy abrigado.

...el desorden que queda después de una fiesta, porque significa que mis amigos me rodean.

...todas las quejas que oigo sobre el gobierno, porque significa que tenemos libertad de expresión.

...la señora que canta desafinado detrás de mí en la iglesia, porque significa que puedo oír.

los montones de ropa para lavar y planchar, porque significa que mis seres queridos están cerca.

...la alarma que suena temprano en la mañana, porque significa que sigo con vida.

...el cansancio y los músculos doloridos al final del día, porque significa que he sido productivo.

...los sermones largos en la iglesia, porque significa que

cuento con libertad religiosa.

…los préstamos estudiantiles que aún no he pagado, porque significa que tuve la oportunidad de recibir educación.

…mis mascotas que dejan pelo por toda la casa, porque significa que nunca estoy solo.

…los fines de semana, porque puedo descansar y reponerme tras una semana ajetreada.

…mi coche, aunque no sea el último modelo, porque significa que no tengo que ir andando a todos lados.

…mis tarjetas de crédito, porque me facilitan las compras.

…la tía que pasa horas hablando por teléfono, porque significa que tengo personas que se preocupan por mí.

…los libros que compré y aún no he leído, porque significa que sé leer.

…el dolor físico que a veces siento, porque significa que mi sistema nervioso funciona.

…los errores que cometí en el pasado, porque significa que con los años he adquirido sabiduría y soy más reflexivo y mejor persona.

…los pensamientos ansiosos que a veces nublan mi mente,

porque significa que puedo pensar.

…mi jefe irrazonable, porque significa que tengo un empleo que otra persona quisiera tener.

…el clima frío, porque significa que tengo varias prendas abrigadas para escoger.

…el fregadero de la cocina atascado, porque significa que tengo tuberías interiores.

Por supuesto, esta lista puede alargarse indefinidamente, y cada uno tendrá la suya propia. ¿Por qué no empiezas ahora mismo a escribir la tuya?

Aprecia las cosas pequeñas ahora

Haz una pausa en este momento y tómate unos instantes para concentrarte en todas las cosas sencillas que puedes valorar ahora mismo. Observa tu vida y tu entorno, y piensa en todo aquello por lo que puedes dar gracias. Escríbelo en una hoja de papel, en tu diario, en un documento de Word, etc. Pon como meta incluir entre 100 y 1,000 elementos distintos en tu lista.

Este ejercicio no consiste en escribir sin más lo primero que pase por tu mente, sino en dirigir tu atención de manera consciente a algunas de las muchas cosas sencillas por las que puedes dar gracias a Dios. Al terminar tu lista, podrás darte cuenta de cuán importantes son muchas de estas "pequeñas" cosas (tu vista, tu oído, tu salud física y mental, tu trabajo, tus relaciones, los avances de la ciencia y la tecnología que facilitan tu vida, la comida saludable, la ropa, el descanso, el sueño, etc.) en el panorama general de la vida. Nunca olvides que tu capacidad para reconocer y apreciar las cosas buenas de la vida es un factor fundamental en tu nivel de satisfacción y disfrute.

— 5 —
La Gratitud En Medio De La Adversidad

"No importa cuán turbulentas se pongan las aguas, el corazón de un creyente se mantiene a flote gracias a la alabanza constante y a la gratitud al Señor."

– John MacArthur

Hace muchos años, un anciano pastor inglés se hizo famoso por sus oraciones desde el púlpito, pues siempre encontraba algo por lo cual dar gracias a Dios, incluso en tiempos difíciles. Un domingo de tormenta, cuando todo iba mal en la comunidad y en la vida de muchas personas de la congregación —incluida la suya—, se acercó al púlpito para orar. Un miembro de la iglesia pensó: "El predicador no tendrá nada por lo cual agradecer a Dios en una mañana tan miserable." Sin embargo, el pastor comenzó su oración con estas palabras:

"Te damos gracias, oh Dios, porque no siempre es así."

Dios no espera que nuestra gratitud y agradecimiento dependan de la época o de la situación; más bien, desea que seamos agradecidos en toda circunstancia, incluidas aquellas adversas o difíciles. Por supuesto, se requiere un gran nivel de espiritualidad para dar gracias a Dios en medio del dolor. De hecho, la adversidad refleja nuestra verdadera identidad. Los problemas ponen a prueba la calidad de nuestra fe cristiana. Cuando estamos sin dinero o atravesamos un desconsuelo profundo, es entonces cuando realmente descubrimos quiénes somos. Por esta razón, la Biblia afirma: *"Si desmayas en el día de la angustia, tu fuerza es pequeña"* (Proverbios 24:10).

No importa lo que esté sucediendo en tu vida; debes entender que Dios está siempre a tu lado. Este conocimiento de la presencia de Dios debería impulsarte a dar gracias. Deberías tener una perspectiva eterna de las cosas y usar un "microscopio espiritual" con el cual analizarlas, de modo que incluso en medio de la tormenta puedas ver a Jesús diciéndote: "Camina sobre las aguas."

Habrá situaciones en las que sientas que estás completamente solo. A todos nos pasa. Pero si miras con atención, encontrarás a Jesús a tu lado en la tormenta. Los discípulos le dijeron: "¿No te importa que perezcamos?" cuando la solución a la tempestad estaba dentro de su barca. Jesús sabía de antemano que el viento y las olas llegarían, y también sabía que Él es el Amo de la tormenta. Conociendo que todo se resolvería, optó por no preocuparse y se acostó a dormir.

Algunas de las cosas que te inquietan ya tienen solución por la presencia de Jesús. Mientras le sirvas con sinceridad, fe y gratitud, Él mismo se encargará de resolver tus problemas. Esa tormenta no te destruirá. Saldrás de ella más fuerte, más grande y más poderoso.

En Santiago 1:2-4 (NVI), leemos que *"cuando tengan que enfrentar diversas pruebas, considérense muy dichosos, pues ya saben que la prueba de su fe produce constancia. Y la constancia debe llevar a feliz término la obra, para que sean perfectos e íntegros, sin que les falte nada."* Jesús no prometió que todo sería sencillo en nuestra vida; de hecho, nos advirtió: *"En el mundo tendréis aflicción,"* pero nos alentó asegurando que Él ha *"vencido al mundo"* (Juan 16:33).

Existen diversas razones por las cuales un hijo de Dios puede experimentar pruebas y tribulaciones. Sin embargo, no importa lo dolorosa, compleja o desesperanzadora que parezca tu situación, debes continuar poniendo tu esperanza en el Señor. Él vendrá a salvarte, así que *"alegraos en la esperanza, sed pacientes en el sufrimiento, perseverad en la oración"* (Rom. 12:12). En Estados Unidos hay cuatro estaciones: primavera, verano, otoño e invierno. Sin embargo, hay una quinta estación espiritual, determinada por Dios, llamada la ESTACIÓN DEBIDA (due season). Tu actitud y reacciones en tiempos difíciles determinarán el resultado de tu "estación debida": o bien te elevas, o te estancas.

Es importante señalar la diferencia entre una prueba y una tentación. Una prueba consiste en que Dios permite que pasemos por situaciones desagradables para poner a prueba nuestra fe en Él, mientras que una tentación es una prueba de nuestra fidelidad a Dios en medio del atractivo del pecado —que viene directamente del diablo y que nosotros podemos permitir si cedemos—. El apóstol Santiago explica esta diferencia de manera hermosa en el primer capítulo de su epístola, versos del 12 al 15 (AMP):

"Dichoso (feliz, próspero espiritualmente y favorecido por Dios) es el hombre que se mantiene firme bajo la prueba y persevera cuando es tentado; porque cuando haya pasado la prueba y haya sido aprobado, recibirá la corona de la vida que el Señor ha prometido a los que le aman. Ninguno diga cuando es tentado: 'Es Dios quien me tienta' (porque la tentación no procede de Dios, sino de nuestras propias fallas); pues Dios no puede ser tentado por el mal, y Él mismo no tienta a nadie. Sino que cada uno es tentado cuando de su propia pasión (deseo mundano, lujuria) es arrastrado y seducido. Luego, la pasión, después de haber concebido, da a luz el pecado; y el pecado, una vez que se ha consumado, da a luz la muerte."

— Santiago 1:12-15, AMP —

Es indudable que ser agradecidos resulta más fácil

cuando todo fluye a nuestro favor, pero si hemos de *"[estar] agradecidos en toda circunstancia"* (1 Tes. 5:18, NTV) y *"[dedicarnos] a la oración, con una mente alerta y un corazón agradecido"* (Col. 4:2, NTV), entonces debemos comprender que *"toda circunstancia"* incluye tanto los tiempos buenos como los malos. Sin embargo, si no sabemos por qué Dios permite el sufrimiento y las pruebas en nuestra vida, podríamos dejar que la situación actual apague la llama de gratitud que Él ha encendido en nuestro corazón. En lugar de regocijarnos y alabar a Dios por Quién es y por lo que ha hecho, podríamos terminar enfocándonos en nuestro dolor y confusión, albergando dudas acerca del Señor y Su Palabra. Pero, cuando elegimos ser agradecidos en todo momento, a pesar de lo que sentimos, cosechamos muchos beneficios.

Aunque se nos dice que agradezcamos al Señor y *"cantemos alabanzas sobre todo, cualquier excusa para un cántico a Dios el Padre en el nombre de nuestro Señor, Jesucristo"* (Ef. 5:20 MSG), esto no significa cosas que sean contrarias a la naturaleza o los mandamientos de Dios. Debemos agradecerle todo lo que Él permite en nuestra vida según

Su voluntad soberana, sabiendo que Él promete hacer que *"todas las cosas ayuden a bien a los que aman a Dios, a los que son llamados conforme a Su propósito"* (Rom. 8:28). Tal vez no veamos ese bien de inmediato o incluso durante nuestra vida en la tierra, pero en el Cielo todo tendrá sentido. Mientras tanto, nuestra gratitud aquí demuestra nuestra confianza en el Señor.

Dos ejemplos de gratitud en la adversidad

Uno de los ejemplos bíblicos más notables de perseverancia y gratitud en medio de desafíos extremos se encuentra en el libro de Job, considerado por muchos como el más antiguo del Antiguo Testamento. En un lenguaje moderno, Job sería un multibillonario con un sinnúmero de activos en diversas industrias, tales como restaurantes de cinco estrellas, cadenas de comida rápida, transporte de carga y maquinaría agrícola.

Sin haber hecho nada para merecerlo, Job lo perdió todo en cuestión de horas: fortuna, familia y salud. Se quedó en la pobreza absoluta, al borde de la desesperación, sentado en ceniza y cuestionándose el porqué de tanto sufrimiento. Sus amigos lo acusaban de pecados ocultos, pese a que él afirmaba su inocencia. En ese tiempo de angustia, Job pronuncia una de las declaraciones de gratitud más poderosas registradas en cualquier lugar:

"Desnudo salí del vientre de mi madre, y desnudo volveré allá. El Señor dio, y el Señor quitó; ¡bendito sea el nombre del Señor!" (Job 1:21)

¡Gloria a Dios que la historia no termina ahí! Dios restauró a Job el doble de lo que había perdido, tanto en bienes materiales como en familia.

De hecho, el apóstol Santiago nos recuerda que todos debemos haber *"oído hablar de la constancia de Job y ver el fin que el Señor le dio"* (Sant. 5:11, NVI). La historia de Job es relevante para el tema de la gratitud porque, con toda probabilidad, pocos de nosotros hemos atravesado la misma cantidad e intensidad de desgracias que soportó Job. Por lo tanto, podemos y debemos sentirnos animados al ver que, si Job fue capaz de sostener su fe y su actitud de gratitud ante desafíos tan formidables, nosotros también podemos hacerlo. Podemos encontrar consuelo en la verdad de que hay una promoción y una recompensa inestimable esperándonos al otro lado de cualquier temporada de adversidad que estemos viviendo.

En su libro, *Jesus' Claims: Our Promises*, Maxie Dunnam cuenta que, cuando John Wesley era estudiante, cierta noche un cargador (persona encargada de transportar equipajes) —un hombre muy humilde— golpeó a la puerta de Wesley para hablar con él. Durante la conversación, Wesley notó que el abrigo del hombre era demasiado delgado para el frío que hacía. Le sugirió que buscara otro abrigo mejor. "Éste es el único abrigo que tengo," respondió el hombre, "y le doy gracias a Dios por él."

Wesley le preguntó entonces si había comido algo. El hombre contestó: "Hoy no he tomado más que agua, pero le doy gracias a Dios por eso." Wesley, sintiéndose cada vez más incómodo, le advirtió que pronto cerrarían las puertas, y le preguntó qué haría si se quedaba fuera. "¿Por qué darías gracias a Dios, entonces?" El hombre respondió: "Le daré gracias a Dios por tener piedras secas sobre las cuales recostarme."

Conmovido por la sinceridad del hombre, Wesley le dijo: "Tú agradeces a Dios incluso cuando no tienes qué ponerte, ni qué comer, ni dónde dormir. ¿Por qué más le das gracias?" El hombre sencillo respondió: "Le doy gracias a Dios porque me ha dado la vida, un corazón para amarlo y el deseo de servirle."

Después de que el hombre se marchara con un abrigo del armario de Wesley, algo de dinero para comprar comida y las palabras de gratitud de Wesley por su testimonio, éste último escribió en su diario: "Nunca olvidaré a ese cargador. Me ha demostrado que existe algo en la fe que yo aún no conozco."

¿Por Qué Deberíamos Estar Agradecidos Con Dios En La Adversidad?

1. La gratitud nos mantiene conscientes de que caminamos en la presencia de Dios, lo cual fomenta una

vida piadosa. Como creyentes, nunca andamos solos porque el Espíritu Santo vive en nuestro interior. Ser agradecidos en tiempos difíciles nos recuerda Su presencia y nos motiva a responder de manera piadosa, buscando ver nuestro dolor y nuestras dificultades desde Su perspectiva, percatarnos de cómo Él está obrando en la situación y aferrarnos a Sus promesas. Sin importar lo que suceda en el día, podemos darle gracias sabiendo que nuestro Dios todopoderoso, omnisciente y lleno de amor nos ayuda a atravesar y dar sentido a todo.

2. La gratitud nos motiva a buscar el propósito del Señor en todo lo que sucede. Las pruebas o el sufrimiento inesperados pueden hacernos cuestionar a Dios o sentir que Él se ha olvidado de nosotros, pero Él ha prometido sacar bien aun de nuestras peores experiencias: *"Y sabemos que a los que aman a Dios, todas las cosas les ayudan a bien, esto es, a los que conforme a Su propósito son llamados"* (Rom. 8:28). Aunque no lo entendamos, podemos confiar en Su fidelidad y darle gracias por el bien que Él ha prometido producir en nuestra vida, según Su voluntad. Imagina observar a un chef mientras combina varios ingredientes para cocinar una sopa. Si no estás familiarizado con la cocina, podrías preguntarte por qué introduce ciertos elementos amargos o de sabor poco agradable. Sin embargo, cuando el plato está terminado y lo pruebas, te das cuenta de que cada ingrediente contribuyó al objetivo final del chef: preparar una comida deliciosa. Dios es el Maestro Chef; así que incluso las experiencias amargas de tu vida eventualmente formarán parte del sabroso "plato" que Él elabora a partir de tus vivencias.

3. Cuando sufrimos dolor y angustia, ser agradecidos nos somete a la voluntad de Dios. En medio del dolor emocional o físico, es posible que no sintamos ganas de dar gracias, pero es justo entonces cuando deberíamos comenzar a expresarlo de manera verbal. A medida que continuamos agradeciendo a Dios, nuestros sentimientos terminarán alineándose con nuestras palabras. Él sabe lo frágiles que son nuestras emociones y entiende que, al principio, quizá nuestra gratitud sea solo de palabra; sin embargo, honra nuestra obediencia al decidir expresar agradecimiento. Una de las mejores maneras de mostrar cuánto nos rendimos a Dios es poder decir, como Job, en medio de un sufrimiento que parece interminable: *"El Señor dio, y el Señor quitó; ¡bendito sea el nombre del Señor!"* (Job 1:21).

4. Ser agradecidos nos recuerda que dependemos continuamente del Señor. A Dios le desagrada un espíritu de independencia que niega nuestra necesidad de Él, exalta la autosuficiencia y conduce a la ingratitud. En realidad, todos dependemos de Él hasta para el aire que respiramos, aunque a veces no lo reconocemos hasta que enfrentamos una situación que no podemos cambiar o superar por nosotros mismos. La adversidad expone nuestras debilidades y nos lleva a buscar al Señor con humilde dependencia. Un creyente maduro vive cada día en absoluta confianza en Dios y se regocija con un espíritu agradecido y confiado, sabiendo que, pase lo que pase, puede acudir al Cielo y recibir toda la ayuda que necesita.

5. La gratitud nos ayuda a confiar en el Señor cuando no entendemos por qué suceden ciertas cosas. Aunque Dios no ha prometido explicarnos todas las razones de nuestro dolor o dificultades, sí prometió estar con nosotros y capacitarnos para enfrentar las pruebas. El agradecimiento nos recuerda que no tenemos que comprender la situación; solo debemos obedecer en el proceso. Pueden ocurrir circunstancias desafortunadas, pero la acción de gracias nos ayuda a permanecer firmes en la verdad de que todo está contemplado en el plan supremo de Dios. Practicar la gratitud en medio de la adversidad mantiene viva nuestra esperanza y fortalece nuestra fe, incluso cuando todo es incierto. Nos ayuda a buscar en lo profundo de nuestro corazón para decir: *"¿Por qué voy a inquietarme? ¿Por qué me voy a angustiar? En Dios pondré mi esperanza, y todavía lo alabaré. ¡Él es mi Salvador y mi Dios!"* (Sal. 42:11, NVI).

6. La acción de gracias es esencial para regocijarnos en medio del sufrimiento. No hay manera de *"estar siempre gozosos"* sin dar gracias por todo (1 Tes. 5:16-18). Aunque el dolor sea tan intenso que no podamos sentir gozo en ese momento, podemos elegir expresar gratitud con nuestros labios hasta que se vuelva una realidad en nuestro corazón. Dios oye y entiende la profundidad de nuestra agonía tal como comprendió el dolor de Jesús cuando clamó: *"Dios* mío, Dios mío, ¿por qué me has desamparado?" (Mat. 27:46). Las iglesias de Macedonia son un excelente ejemplo, pues *"en medio de las pruebas más difíciles, su desbordante alegría y su extrema pobreza abundaron en rica generosidad"* (2 Cor. 8:2, NVI). Es decir, pudieron ir más allá de su deprimente situación económica para apoyar económicamente a otras iglesias porque poseían ese tipo de gozo que solo viene de Dios.

7. **La gratitud a Dios en tiempos difíciles aporta un mayor impacto a nuestro testimonio.** Las experiencias dolorosas y nuestras respuestas de agradecimiento nos permiten ayudar a quienes están sufriendo de la misma manera. Al compartir nuestras luchas con quienes no comprenden lo que Dios está haciendo, hacemos más poderoso nuestro testimonio de Cristo. De hecho, Pablo nos recuerda que *"Dios es nuestro Padre misericordioso y la fuente de todo consuelo. Él nos consuela en todas nuestras dificultades para que nosotros podamos consolar a otros. Cuando otros pasen por dificultades, podremos ofrecerles el mismo consuelo que Dios nos ha dado a nosotros"* (2 Cor. 1:3-4, NTV). Cuando los demás recuerdan que su situación difícil no es tan intensa

como la que presenciaron en nosotros *mientras nos veían dar gracias tanto con palabras como con hechos*, encuentran alivio ante su ansiedad y obtienen fuerzas para seguir adelante.

8. La gratitud reemplaza la ansiedad con paz. La palabra griega para paz, eirene, significa "unir, enlazar." Cuando seguimos agradeciendo al Señor en medio de la tristeza, la pérdida o la angustia, permanecemos unidos a Él y Su paz nos inunda mientras nuestras ansiedades se derrumban. El dolor y la dificultad pueden persistir un tiempo, pero nosotros experimentamos un cambio interior. Esa paz solo está disponible para quienes tienen una relación personal con Jesucristo como Salvador y Señor. Aunque la ansiedad pueda sobrevenir de pronto en un momento de descuido, no tenemos que permanecer en ese estado. Si continuamos orando y dando gracias a Dios, Su paz guardará nuestro corazón y nuestros pensamientos en Cristo Jesús (Fil. 4:6-7).

9. La acción de gracias centra nuestra atención en Dios y no en nuestras circunstancias. Si fijamos la vista en la dificultad, el dolor se vuelve insoportable, la paz se esfuma y la situación parece irremediable. Pero cuando fluimos en gratitud, nuestro enfoque se traslada al Señor y nos recuerda que no estamos solos, porque Dios está con nosotros, nos ama, camina a nuestro lado y convertirá este desafío en algo provechoso para nuestra vida. En tiempos de dificultad, debemos imitar al "padre de la fe," Abraham, de quien la Biblia dice que *"no dudó, por incredulidad, de la promesa de Dios, sino que se fortaleció en su fe y dio gloria a Dios, plenamente convencido de que Dios tenía poder para cumplir lo que había prometido"* (Rom. 4:20-21, NVI).

10. La gratitud nos energiza física, emocional y espiritualmente en condiciones difíciles. El dolor, los problemas y la decepción pueden tratar de agotarnos en momentos complicados, pero una cultura de confianza en Dios, enfocada en Él y en agradecerle, nos mantendrá llenos de vitalidad. Su presencia en nuestro interior nos renueva físicamente, espiritualmente y emocionalmente para que podamos seguir adelante. Es en momentos de adversidad cuando realmente aprendemos cómo nuestro Dios de amor puede *"consolar a los enlutados de Sión y darles* *una corona en vez de cenizas, aceite de alegría en vez de luto, manto de alabanza en vez de espíritu abatido"* (Isa. 61:3).

11. Ser agradecidos en situaciones difíciles hace huir al enemigo. Las fuerzas de las tinieblas no soportan estar en presencia de corazones que dan gracias y honran a Dios. Nuestra alabanza y acción de gracias las hace huir. Un periodo de intensa dificultad es una gran oportunidad para unirnos al dulce salmista de Israel, el rey David, y reafirmar nuestra fe en la capacidad de Dios para sacarnos adelante, diciendo:

> *"Aunque yo ande en medio de la angustia, Tú me vivificarás; contra la ira de mis enemigos extenderás Tu mano, y me salvará Tu diestra. Jehová cumplirá Su propósito en mí; Tu misericordia, oh Jehová, es para siempre; no desampares la obra de Tus manos."*
>
> *— Sal. 138:7-8 —*

Ten la certeza de que, cuando encuentras algo por lo cual estar agradecido, aun cuando parezca que Dios no responde y que el mal domina de pronto tu vida, tu historia terminará en una alabanza fuerte y sin restricciones. Tu testimonio será este:

> *"Pacientemente esperé a Jehová; y Se inclinó a mí, y oyó mi clamor. Me sacó del pozo de la desesperación, del lodo cenagoso; puso mis pies sobre peña y enderezó mis pasos. Puso luego en mi boca cántico nuevo, alabanza a nuestro Dios. Verán esto muchos, y temerán, y confiarán en Jehová."*
>
> — *Sal. 40:1-3* —

12. Superar las dificultades con gratitud es una puerta a la promoción. Observa a Pablo. Dios estaba a punto de promoverlo a la siguiente etapa de su ministerio, donde testificaría el evangelio ante reyes en Roma, pero antes tuvo que pasar por algunos de los peores desafíos que había enfrentado hasta entonces. Primero, todos a su alrededor profetizaban que no debía ir a Jerusalén, pero él fue, convencido de que Dios lo guiaba. Después, lo apresaron, lo acusaron falsamente y lo mantuvieron encarcelado durante más de dos años antes de permitirle apelar su caso ante César en Roma. Luego emprendió un viaje que terminó en naufragio, pasó catorce días sin comer, lo mordió una serpiente, y al llegar a Roma, fue rechazado por sus compatriotas. Aun así, su espíritu no se quebrantó y pudo escribir a otros ordenándoles: *"Regocijaos en el Señor siempre.*

Otra vez digo: ¡Regocijaos!" (Fil. 4:4). Si aprendemos a ver las adversidades y problemas como la forma en que Dios nos habilita para mayores alturas, podremos afrontarlas con acción de gracias.

Mantente Arraigado, Mantente Agradecido

Al cerrar este capítulo, reflexiona en lo siguiente: nada moldea tu perspectiva como creyente tanto como estar firmemente arraigado en Cristo. Colosenses 2:6 dice: *"Por eso, de la manera que recibisteis a Cristo Jesús el Señor, andad en Él."* La gracia para permanecer en Cristo te mantendrá en el camino correcto. Lo que el diablo hace cuando pasas por situaciones difíciles es tratar de apartarte del Cuerpo de Cristo para mantenerte resentido. Cuando albergas amargura, criticas todo lo que ves. No permitas nunca que el enemigo te empuje a ese estado.

Jesús no se echó atrás con Dios, a pesar de tener que ir a la cruz. Permaneció fiel y comprometido incluso sobre ella. Una de las características esenciales de estar en Cristo es mantenerte firme en la fe y la gratitud, sin importar lo que suceda. No cambias con las circunstancias; haga sol o llueva, sigues en Cristo, confiando en Su fidelidad. Te sientas bien o no, sigues en Cristo. Incluso si crees que no te va bien o que has cometido errores, continúas siguiéndolo y sigues sintiéndote y mostrándote agradecido por Sus incontables misericordias hacia tu vida.

— 6 —
El Veneno De La Ingratitud

"La ingratitud es el enemigo del alma… un viento ardiente que seca la fuente del amor, el rocío de la misericordia y los manantiales de la gracia."

– *Bernardo de Claraval*

Todo ser humano nace con la capacidad innata de reconocer y expresar gratitud. Sin embargo, la ingratitud se ha arraigado en la vida cotidiana de muchas personas en Estados Unidos y en gran parte del mundo. La humanidad, en general, siempre ha tenido más personas ingratas que agradecidas, y la mayoría ni siquiera se da cuenta de ello. Es fácil vivir sin detenerse a expresar gratitud; y cuando, por la razón que sea, dejamos pasar las oportunidades de manifestarla, acabamos desarrollando un estilo de vida marcado por la ingratitud.

La Biblia nos dice que la ingratitud es una de las señales del fin de esta era:

"El Espíritu dice claramente que en los últimos tiempos algunos renegarán de la fe, prestarán atención a espíritus engañadores y a enseñanzas que vienen de demonios. Tales enseñanzas provienen de embusteros hipócritas, que tienen la conciencia encallecida. Prohibirán casarse y pedirán abstenerse de alimentos que Dios creó para que los creyentes, que conocen la verdad, los comieran con acción de gracias. Todo lo que Dios ha creado es bueno, y nada es despreciable si se recibe con acción de gracias, porque la palabra de Dios y la oración lo consagran."

—1 Timoteo 4:1-5 NVI—

Esta advertencia debería bastar para que estemos atentos. Debemos cuidarnos de no dejar que la ola de impiedad, manifestada en la ingratitud, nos arrastre. El pasaje también nos advierte que la ingratitud, de hecho, es de origen demoníaco y diabólico.

Cuando el corazón humano se llena de gratitud hacia Dios, Él se exalta como la fuente suprema de todas las bendiciones y se le reconoce como nuestro generoso

Dador y Benefactor. La falta de gratitud refleja egoísmo de nuestra parte, un rechazo arrogante a darle la gloria y alabanza que Le corresponde como nuestro bienhechor. Las Escrituras nos recuerdan que *"…aunque conocían a Dios, no lo glorificaron como a Dios ni le dieron gracias, sino que se envanecieron en sus razonamientos y se les oscureció su necio corazón"* (Rom. 1:21).

La razón por la que no magnificamos a Dios con acción de gracias ni lo glorificamos como nuestro Proveedor es que eso nos quitaría parte de "nuestra propia" gloria. En la raíz de la ingratitud yace el amor por nuestra propia grandeza, porque la gratitud genuina admite nuestra inferioridad y reconoce que somos receptores de bondades y misericordias inmerecidas. Una persona que no ha sido humillada por la asombrosa gracia de nuestro Señor Jesús jamás verá la necesidad de dar gracias a Dios. El rey Nabucodonosor ilustra este hecho con claridad. Antes de ser humillado, dijo: *"¿No es esta la gran Babilonia que yo edifiqué como residencia real con mi gran poder y para gloria de mi majestad?"* (Dan. 4:30). Pero después de vivir como una bestia salvaje en el bosque, comprendiendo lo que significa estar sin Dios, el rey volvió en sí y declaró: *"Ahora yo, Nabucodonosor, alabo, ensalzo y glorifico al Rey del cielo, porque todas Sus obras son verdaderas y Sus caminos justos"* (Dan. 4:37).

Mientras una persona atesore su propia gloria, se jacte de su autosuficiencia y rehúse admitir que padece la enfermedad del pecado y que no es nada sin Dios, jamás sentirá gratitud genuina hacia el único Dios verdadero; por lo tanto, nunca exaltará a Dios de una manera significativa. Pablo, por medio del Espíritu Santo, nos advierte: *"Además, ten en cuenta que en los últimos días vendrán tiempos difíciles. La gente estará llena de egoísmo y avidez de dinero; serán jactanciosos, arrogantes, blasfemos, desobedientes a sus padres, ingratos, impíos…"* (2 Tim. 3:1-2, énfasis añadido). Jesús no vino a servir a quienes dicen no necesitar ayuda. Él dijo: *"Los sanos no tienen necesidad de médico, sino los enfermos. No he venido a llamar a justos, sino a pecadores"* (Mar. 2:17). Exige algo inmenso: reconocer que somos incapaces sin Su ayuda. Esto suena a malas noticias para aquellos que se creen autosuficientes y vanidosos, pero es un mensaje dulce para quienes han abandonado toda pretensión de independencia y están dispuestos a dar gracias a Dios.

¿Qué es la ingratitud?

Al igual que sucede con la gratitud, no siempre es sencillo definir la ingratitud. Sin embargo, necesitamos hacerlo para no albergar dudas respecto a si hemos de arrepentirnos de lo que a menudo se considera el "pecado original," el "pecado más común," o el más cruel de los vicios.

Según el *Diccionario Merriam-Webster*, la ingratitud es el "olvido de la bondad recibida o la falta de una respuesta adecuada a dicha bondad." También puede definirse como *no valorar lo que se tiene o lo que se ha recibido, o la falta o ausencia de la expresión de gratitud*. Hay que señalar que la ingratitud puede manifestarse como un sentimiento o estado de ánimo temporal, pero, si no se corrige, puede convertirse en una actitud que penetre en todos los ámbitos de la vida.

Podemos ser ingratos hacia personas y cosas, pero como Dios es el principal destinatario de nuestra gratitud, también es, en consecuencia, el objeto principal de nuestra ingratitud. El escritor y orador motivacional Israelmore

Ayivor ofrece una perspectiva interesante al respecto: "La ingratitud hacia Dios no se manifiesta solo en nuestra negativa a darle la acción de gracias verbal que se le debe, sino también en nuestra incapacidad de apreciar Sus dones y las habilidades que Él ha depositado en nosotros cuando las dejamos sin aprovechar."

Cuando nos negamos a ayudar a otros con las bendiciones que hemos recibido del Señor, somos ingratos. Los dones que recibimos de Dios están destinados a la expansión de Su reino a través de lo que decidimos hacer con ellos.

Causas de la ingratitud

El pastor, orador y autor de éxitos de ventas Max Lucado dijo: "Creo que la ingratitud es el pecado original. Creo que si Adán y Eva hubieran estado agradecidos por el jardín del Edén que tenían, no se habrían centrado tanto en el único árbol que no tenían."

La ingratitud está en el núcleo de nuestra naturaleza caída. Buena parte de lo que está mal en nuestras vidas puede remontarse a una única fuente: una actitud de ingratitud. Veamos algunas de las causas más comunes.

Sentimiento de merecimiento

A menudo las personas no son agradecidas porque sienten que merecen las bendiciones, beneficios o favores que han recibido. La verdad es que nadie nos debe nada, y todo lo que tenemos es resultado de la providencia de Dios. No estaríamos vivos hoy si Él no nos hubiera sostenido y no hubiera puesto a las personas adecuadas a nuestro alrededor para velar por nuestro bienestar.

Espíritu crítico o negativo

Algunos individuos son muy negativos. La esposa prepara la comida, y el esposo siempre encuentra un defecto. O cuando la pareja sale a algún lugar, la música está muy alta o la temperatura es demasiado alta. Incluso en la iglesia, si se les pregunta qué tal estuvo el culto, responden: "Bueno, depende de cómo se mire." Estas personas tienen un problema de negatividad o juicio constante.

Lo que muchos no saben es que si siempre buscas lo

que está mal, algo dentro de ti tampoco está bien. Si a tus ojos tú eres el único que hace las cosas bien, entonces o eres un egocéntrico o un incrédulo total. En su lugar, seamos agradecidos por las cosas sencillas y por las personas que Dios ha colocado en nuestra vida.

Orgullo

Para ser agradecido se requiere humildad, entendimiento profundo, sabiduría, visión, piedad y contentamiento. Una señal de humildad es la capacidad de apreciar todo lo que nos rodea, pues la gratitud quita el foco de uno mismo.

La Biblia muestra al diablo (Satanás) como la fuente de la ingratitud arraigada. Él es el ser más egocéntrico, arrogante, vanidoso y desagradecido que haya existido. Antes de su rebelión, era un ángel perfecto llamado Lucifer. El profeta Isaías describe su caída así:

> *"¡Cómo has caído del cielo, oh Lucifer, hijo de la mañana! ¡Cómo has sido derribado a la tierra, tú que debilitaste a las naciones! Porque dijiste en tu corazón: Subiré al cielo, exaltaré mi trono por encima de las estrellas de Dios; también me sentaré sobre el monte de la congregación, en los extremos del norte; ascenderé*

por encima de las alturas de las nubes, seré semejante al Altísimo."

— *Isaías 14:12-14* —

El corazón de Lucifer se llenó de orgullo y de ingratitud hacia Dios, quien le había dado la vida, lo había creado en perfección y le había permitido estar en Su presencia. En lugar de valorar esto, creyó que su forma de hacer las cosas era mejor que la de Dios y que podía llegar a ser superior a su Creador. No es sorprendente que el diablo transmita esa misma actitud a cualquiera que le dé acceso a su vida. El orgullo se alimenta de la idea de que "lo merezco," "se me debe," y que lo que poseo es mío por "derecho."

Necesitamos ver la verdad: todo lo que tenemos proviene, en última instancia, de la misericordiosa gracia de Dios. Cuando dejamos de dar gracias, cedemos al pecado más antiguo de la historia: el orgullo. Algunos se niegan a dar las gracias a quienes consideran "inferiores" y, en cambio, se esmeran por expresar gratitud a quienes consideran "influyentes." Ese es el engaño de Satanás que nos conduce a la ingratitud.

El "yo" en el centro

La razón por la que algunos no pueden apreciar lo que ven es que están demasiado centrados en sí mismos. La ingratitud es una señal de engreimiento. Si consideramos el pasaje bíblico que afirma que la gente será "más ingrata" en los últimos días (2 Tim. 3:2-4), lo primero que menciona es que serán "amadores de sí mismos." Quien solo piensa en sí mismo rara vez está agradecido.

En esencia, la ingratitud refleja un corazón que se ha alejado de Dios para volcarse hacia otra cosa. Según 2 Timoteo, esa "otra cosa" con mucha frecuencia somos nosotros mismos.

La ingratitud demuestra idolatría y autoexaltación. No ser agradecidos equivale a afirmar que merecemos todo lo que tenemos. Nos endiosamos a nosotros mismos cuando permitimos que la ingratitud manche nuestra vida, pues este pecado se fundamenta en un ego inflado. Quien es agradecido reconoce que posee mucho más de lo que merece y entiende que Dios ha sido bondadoso con él. No recordar ni reflexionar en los dones de Dios es un camino resbaladizo hacia la ingratitud.

En el mundo actual abunda el individualismo. El consumismo es una de las causas principales de ingratitud, pues nos enseña a pensar: "Merezco un carro nuevo y unas vacaciones porque trabajo muy duro." Podemos sentir la tentación de dejar de lado nuestras obligaciones con Dios, la iglesia o la familia para conseguir eso que creemos merecer.

La ingratitud le roba la gloria a Dios cuando recibimos Sus bendiciones pero no Le alabamos con gratitud. Aquellos que se atribuyen la gloria que pertenece a Dios son los descritos por la Biblia como los que *"cambiaron la verdad de Dios por la mentira, honrando y dando culto a las criaturas antes que al Creador"* (Rom. 1:25).

Influencia de los tiempos

Vivimos en una era descrita en 2 Timoteo 3:1-2:

"También debes saber que en los últimos días vendrán

tiempos peligrosos. Habrá hombres amadores de sí mismos, avaros, vanagloriosos, soberbios, blasfemos, desobedientes a los padres, ingratos, irreverentes..."

La Escritura es clara al afirmar que en los últimos tiempos la conducta de ingratitud se intensificará y se difundirá por todas partes. Entonces, si te descubres constantemente murmurando y siendo desagradecido, podría ser que estés bajo la influencia de este mundo caído y pecaminoso.

Por otra parte, otra razón de la ausencia de gratitud —por ejemplo, la falta de un simple "gracias"— es que algunas personas nunca fueron educadas para ser agradecidas. Tristemente, hay padres que no enseñan esta actitud fundamental y piadosa a sus hijos.

Uno de los efectos de la ingratitud es la resistencia a la obra transformadora del Espíritu Santo, quien desea formar en nosotros un carácter verdaderamente agradecido. Resistirse al Espíritu de Dios es sumamente peligroso, pues Él se encarga de ayudarnos a recordar todas las cosas (Juan 14:26), incluidas la misericordia y la bondad de Dios. Si notamos que olvidamos con frecuencia la benevolencia de Dios, es señal de que nuestra conexión con la influencia del Espíritu Santo está debilitada.

Tener una actitud de gratitud refleja piedad; por lo tanto, permanecer en la ingratitud es permitir que una fuerza ajena a Dios nos controle, haciéndonos actuar *"según el príncipe de la potestad del aire, el espíritu que ahora opera en los hijos de desobediencia"* (Ef. 2:2).

> *"Y la paz de Dios gobierne en vuestros corazones, a la que asimismo fuisteis llamados en un solo cuerpo; y sed agradecidos. La palabra de Cristo more en abundancia en vosotros, enseñándoos y exhortándoos unos a otros en toda sabiduría, cantando con gracia en vuestros corazones al Señor con salmos, himnos y cánticos espirituales."*
> —*Colosenses 3:15-16* —

Insatisfacción

Un corazón ingrato comienza a formarse cuando sentimos que no hemos obtenido lo que deseamos. La insatisfacción es la expresión de un corazón que se queja más de lo que no tiene que de lo que sí tiene. Con el tiempo, esa insatisfacción se convierte en ingratitud.

Hay personas que no dan gracias porque se sienten frustradas con el rumbo de su vida. Su situación actual no las deja satisfechas. Quieren más y mejor de lo que poseen en el presente. Les cuesta decir "gracias" por los pequeños logros de cada día.

Algunos hallan difícil agradecer porque están sufriendo. Las luchas que enfrentan hablan más alto que cualquier rayo de esperanza. No pueden fijarse en la posibilidad de que haya algo bueno cuando la vida está llena de dolor y aflicción. Es fácil preguntarse de qué se podría dar gracias cuando todo duele. Al atravesar "fuegos" que nos consumen, las llamas pueden cegarnos e impedirnos ver lo que Dios ya ha hecho o está haciendo.

Sin embargo, debes reconocer lo bueno que Dios ha hecho por ti, aunque lo único que alcances a ver sean retrasos o decepciones. No hacerlo conduce a un corazón de ingratitud, pues la frustración y el dolor, en un tiempo de pruebas, pueden hacerte sentir que Dios te ha olvidado.

Pero no es así. La acción de gracias debe ser parte esencial de tu estilo de vida, y solo podrás ser constante si pones tu atención continuamente en la bondad de Dios.

La insatisfacción es compañera de la envidia. Nada detiene la gratitud tan rápido como la envidia. Cuando siempre ves el césped de tu vecino más verde, cuando percibes a los demás como más jóvenes, fuertes, ricos o con más amigos, la envidia te consumirá, y terminarás siendo desagradecido.

Descuido

La insensibilidad es una causa común de ingratitud. Cuando no valoras las bendiciones de Dios ni las muestras de bondad que otros te ofrecen, la ingratitud se filtra en tu forma de pensar y actuar. Ignorar el esfuerzo, el costo, el tiempo y otros aspectos de un acto sincero de amabilidad es no solo un descuido, sino algo injustificable. Es fácil tomar a la ligera las misericordias de Dios con un rezo rápido y sin conciencia. Cuando hacemos lo mismo con las personas que actúan bien con nosotros, nuestra capacidad de mostrar aprecio y expresar gratitud empieza a erosionarse. Pronto, esa gratitud dejará de ser un rasgo que poseemos.

No tomarse el tiempo suficiente para demostrar aprecio y gratitud es la máxima manifestación de un egoísmo autosuficiente y de ingratitud. Muchas personas son incapaces de manifestar gratitud porque nunca piensan en todo el esfuerzo que hay detrás de un acto bondadoso, ya sea divino o humano; sencillamente, no valoran las contribuciones de los demás. Estas personas creen que la vida les debe algo y, por ende, pueden caer en la trampa de ser extremadamente desagradecidas.

Algunos nunca dicen "gracias" porque lo posponen. Dicen que lo harán más tarde, pero surgen otras cosas. Muestra tu aprecio ahora, mientras tengas vida y tiempo. La postergación es enemiga del tiempo.

Un ejemplo de alguien descuidado y desagradecido es Nabal, en 1 Samuel 25:2-42. Se rehusó a devolver el favor a David por haber cuidado de sus rebaños, incluso cuando sus propios empleados confirmaron la honestidad y la amabilidad de David y sus hombres. Todo aquel que no tiene la precaución de expresar agradecimiento a Dios y a los demás es tan ingrato que ni Dios lo soporta. Si no hubiera sido por la rápida intervención de la esposa de Nabal, Abigail, David habría aniquilado a toda la familia de Nabal. Al final, Dios mismo derribó a ese hombre sumamente desagradecido, sin que David tuviera que mancharse las manos.

Falta de registros de los testimonios y victorias pasadas

Existen ciertos testimonios que debes anotar para no olvidar lo que el Señor ha hecho por ti. 1 Crónicas 16:4 (RVR1960) dice: *"Y puso delante del arca de Jehová ministros de los levitas, para que recordasen, y confesasen, y alabasen a Jehová Dios de Israel."*

Cuando no guardas memoria de las veces que Dios intervino a tu favor, con el tiempo lo olvidarás y te quedarás sin motivos para la acción de gracias. David ordenó a los levitas mantener un registro de los testimonios y las muestras de la misericordia de Dios, de modo que, llegado el momento de agradecer, pudieran revisar esos libros y guiar al pueblo en alabanza sincera. Dios les advirtió que podrían olvidarse de Sus hechos y, por eso, instruyó a los hijos de Israel a llevar buenos registros:

> *"Y estas palabras que yo te mando hoy, estarán sobre tu corazón; y las repetirás a tus hijos, y hablarás de ellas estando en tu casa, y andando por el camino, y al acostarte, y cuando te levantes. ... Cuídate de no olvidarte de Jehová, que te sacó de la tierra de Egipto, de casa de servidumbre."*
>
> — *Deuteronomio 6:6-7, 12* —

En ocasiones, las pruebas, los exámenes y las experiencias negativas pueden afectarnos tanto que dejamos de ver todo el bien incalculable que Dios ha obrado en nuestra vida. ¿Puede ser que tu fe mengüe por tu incapacidad de recordar lo que Dios hizo? ¿Puedes hablar de lo que Dios ya hizo, en vez de enfocarte únicamente en lo que todavía no hace?

Aquello que recuerdas tiene el poder de modificar tu confesión, así que no permitas que tu actual sequía te haga olvidar las veces que Dios te rescató antes. Cuando sientas ganas de quejarte por la falta de carne en el desierto, recuerda cómo Dios te libró de Faraón y abrió milagrosamente el

Mar Rojo para ti. Permanece agradecido en tu desierto.

Por ejemplo, piensa en aquella ocasión en la que estabas sin dinero y Dios te proveyó un empleo. Ahora, aunque tengas un trabajo mejor, eso no justifica olvidar la mano salvadora de Dios cuando estabas en necesidad. Debes seguir recordando y agradeciéndole a Dios aquel momento en el que, desesperado, Él escuchó tu oración por un empleo. Tal vez olvidar lo que Dios hizo por ti es la razón por la que atraviesas una temporada de ingratitud. ¡Mantén un registro de lo que Él ha hecho!

Asimismo, no ocultes a tu familia, y especialmente a tus hijos, la bondad de Dios. Cuando tengan la edad suficiente, muéstrales evidencia física y fotográfica de lo que Dios ha hecho por ti y fomenta así en ellos una actitud de gratitud. A Dios no le agrada una generación desagradecida. No quieras ser el tropiezo que provoque que la siguiente generación pierda su testimonio de lo que Dios ha hecho.

No te limites a dejar una herencia financiera a tus hijos; déjales también una herencia espiritual.

Consecuencias de la ingratitud

Nunca olvides que la ingratitud es un pecado mortal. En Romanos 1:21-28, un pasaje clave sobre el mal de la ingratitud y sus consecuencias, Pablo explica que la falta de agradecimiento genera un corazón cerrado a la sabiduría de Dios:

> *"Pues habiendo conocido a Dios, no le glorificaron como a Dios, ni le dieron gracias, sino que se envanecieron en sus razonamientos, y su necio corazón fue entenebrecido."*
> *— Romanos 1:21 —*

La ingratitud también conduce a una **vida marcada por una mente corrompida, haciendo lo que no conviene:**

> *"Y como ellos no aprobaron tener en cuenta a Dios, Dios los entregó a una mente reprobada, para hacer cosas que no convienen." (Romanos 1:28)*

Muchas veces, las personas no son conscientes de que tienen una actitud desagradecida, pero los que las rodean sí lo notan, pues suele convertirse en un rasgo de carácter muy arraigado. Estos adjetivos describen con precisión a la gente ingrata:

Arrogante

Amargada

Insensible (de corazón duro)

Cínica

Inconforme (que se queja)

Desagradecida

Malvada

Celosa

Incapaz de regocijarse con otros

Envidiosa

Descontenta

Negativa

Falta de perdón

Codiciosa

Avariciosa

La ingratitud hacia Dios no solo es una de las causas del mal en el mundo actual, sino también una consecuencia de éste. Una vez que el corazón se endurece al punto de dejar de ver a Dios como la fuente de nuestros dones, no hay límites. Nos convertimos en una ley para nosotros mismos. La Biblia condena la ingratitud, porque Dios sabe que el desenlace de tanta autosuficiencia es una mente reprobada. A un desagradecido le costará elevarse por encima de sus instintos más básicos.

En un artículo fundamental sobre la ingratitud, Joseph Mattera señala nueve graves consecuencias de la ingratitud, que se pueden resumir así:

1. No podremos ver las oportunidades divinas que tenemos delante.

2. Nos enfocaremos en las acciones de la gente, en vez de en los procesos de Dios.

3. Adoraremos las circunstancias placenteras, en lugar de satisfacernos con Dios.

4. Daremos lugar al diablo, que opera con lujuria, codicia y orgullo.

5. Alejaremos a personas clave de nuestro alrededor.

6. Rechazaremos la presencia de Dios en nuestro interior.

7. Dios no podrá confiarnos más bendiciones.

8. Sufriremos un desaliento continuo e, incluso, depresión.

9. Perderemos nuestro mayor propósito en la vida, que es amar y adorar a Dios.

Otra forma de entender las consecuencias de la ingratitud es invertir todos los beneficios de la gratitud mencionados a lo largo de este libro. Si la acción de gracias libera más bendiciones de Dios, la ingratitud las detiene. Si la gratitud produce gozo y fortalece nuestra salud integral, la ingratitud solo puede generar depresión e ideas suicidas. Si una actitud agradecida afianza nuestras relaciones con los demás, su ausencia las mina, tanto con Dios como con nuestros semejantes. Si una persona alegre y agradecida es apreciada por quienes la rodean, imagina la acogida que recibe alguien orgulloso, amargado y con sentimiento de merecimiento.

Podríamos pensar que en esta era de la gracia el Señor pasará por alto nuestra ingratitud, pero la Palabra nos dice expresamente que lo que le ocurrió a los hijos de Israel, quienes murieron en el desierto por su desagradecimiento, *"les sucedió como ejemplo, y están escritas para amonestarnos a nosotros, a quienes han alcanzado los fines de los siglos"* (1 Cor. 10:11).

Si elegimos una actitud de ingratitud, también vagaremos en un desierto espiritual, donde nuestra vida se volverá cada vez más vacía y estéril. Si intercambiamos la bondad de Dios por la ingratitud del mundo, dejaremos de disfrutar el gozo del Señor y experimentaremos, en su lugar, las frustraciones del mundo.

La experiencia de los israelitas

"La ira de Dios se revela desde el cielo contra toda la impiedad e injusticia de los hombres que detienen con

injusticia la verdad, porque lo que de Dios se conoce les es manifiesto, pues Dios se lo manifestó. Porque lo invisible de Dios, su eterno poder y su naturaleza divina, se hacen claramente visibles desde la creación del mundo, siendo entendidos por medio de lo creado, de modo que no tienen excusa. Pues aunque conocieron a Dios, no le glorificaron como a Dios, ni le dieron gracias, sino que se envanecieron en sus razonamientos, y su necio corazón fue entenebrecido. Diciendo ser sabios, se hicieron necios y cambiaron la gloria del Dios incorruptible por una imagen de hombre corruptible, de aves, de cuadrúpedos y de reptiles."

— *Romanos 1:18-23* —

Cuando nuestra mente no se centra en la gratitud hacia Dios, empezamos a fijarnos en "dioses pequeños" e insignificantes que el enemigo puede usar para controlar nuestro destino. En vez de que los hijos de Israel agradecieran y se concentraran en Dios, quien los liberó de la esclavitud, pusieron sus ojos en el oro, las joyas y todos los objetos preciados de Egipto. Le dijeron a Aarón: "No sabemos qué fue de Moisés, así que fabrícanos otro dios al cual adorar." Aarón les pidió traer su oro y plata, e hizo un becerro de oro, proclamando: "Este es el dios que te sacó de Egipto."

Su problema de fondo surgió al no centrarse en Dios ni mostrarle gratitud, sino en enfocarse en sí mismos. Dios se enojó tanto con esa falta de agradecimiento por todo lo que Él había hecho, y por la respuesta de Aarón a sus exigencias, que amenazó con destruir a la nación entera. Solo las oraciones de Moisés cambiaron la decisión de Dios.

Un hijo de Dios debe aprender a ser agradecido sin importar las circunstancias, porque la ingratitud conlleva un gran peligro. Incluso en situaciones desconocidas, sé agradecido. No dejes que tu ego se interponga entre tú y Dios. Jamás permitas que el dinero alimente tu soberbia. Si Dios contesta tus oraciones, no dejes que la bendición se convierta en tu dios. Si Él te da hijos, no permitas que se conviertan en la excusa para no congregarte y descuidar tu relación con Dios.

Algunos dedican un tiempo enorme a lavar su auto, pero no encuentran tiempo para Dios. Recuerda cuando necesitabas que alguien te llevara. Si Dios te ha bendecido con un automóvil, úsalo para ir a la iglesia y regocijarte en

Su presencia. Debemos cuidarnos de la ingratitud, pues es un veneno que afecta nuestra relación con Dios y con los hombres, además de poner en riesgo nuestras bendiciones.

Dios ha movido a ciertas personas para que te bendigan, pero la ingratitud puede impedir que esas bendiciones sigan fluyendo hacia ti. A Dios no le agradó la actitud de Nabal contra David y endureció su corazón. Asimismo, Jesús se molestó con los nueve leprosos que no volvieron a darle las gracias. Estos ejemplos plantean la pregunta: "¿Cómo lidiamos con la ingratitud?" La respuesta se encuentra en el siguiente capítulo.

— 7 —
Building a Lifestyle of Gratitude

"All around us is fuel for the fire of thanks if we will but notice."

– Jon Bloom

En la conocida novela *Robinson Crusoe*, mientras naufragaba en una isla solitaria, el protagonista hizo dos columnas y enumeró lo bueno y lo malo de su situación. Estaba en una isla desierta, pero seguía con vida. Se hallaba separado de la humanidad, pero no pasaba hambre. Carecía de ropa, aunque el clima era cálido y no la necesitaba. No tenía medios de defensa, pero tampoco enfrentaba la amenaza de bestias salvajes. No tenía a nadie con quien hablar, pero podía obtener con facilidad, de los restos de su barco encallado cerca de la costa, todo lo que requería para sobrevivir. Robinson Crusoe aprendía lo que Dios quiere que veamos: que ninguna condición en el mundo es tan miserable como para no hallar algo por lo cual estar agradecidos.

Un mensaje que nos deja esta historia es que la construcción de un estilo de vida de gratitud comienza con la intencionalidad. No se puede vivir en gratitud sin proponérselo. Comparemos, por ejemplo, a dos personas que reciben un regalo o una muestra de amabilidad. Una da las gracias de manera verbal, mientras que la otra escribe una nota. ¿A quién consideraríamos más agradecida? Sin duda, a la persona que envió la nota escrita a mano. ¿Por qué? Porque además de las palabras, se requirieron acción y esmero.

Ser intencionales en nuestra gratitud es un poderoso principio de vida que denota un alto nivel de reflexión. Decir: "No creí necesario dar las gracias" refleja una mentalidad superficial. A Dios le encantan las personas que expresan de forma deliberada su gratitud por los favores, las bendiciones y los beneficios que reciben. No es de extrañar que el Salmo 103 diga: *"Bendice, alma mía, a Jehová, y bendiga todo mi ser Su santo nombre. Bendice, alma mía, a Jehová, y no olvides ninguno de Sus beneficios."* Dios detesta que olvidemos ser agradecidos, y también a los hombres les disgusta. Por eso, sin importar lo que suceda en tu vida, debes entrenarte para ser una persona agradecida. En este contexto, *entrenarte* significa desarrollar las destrezas necesarias para vivir en gratitud.

Como creyentes, el Espíritu Santo empieza a cultivar (o entrenar) un corazón agradecido en nosotros cuando aceptamos a Jesús como Salvador y Señor. Reconocemos que solo Jesucristo se encarga de nuestra salvación (Juan 14:6); que Él nos escogió a cada uno antes de la fundación del mundo (Efesios 1:4; 1 Pedro 1:2); y nos concedió el don de la fe para poder creer en Él (Efesios 2:8; Juan 1:12). Una vez que confiamos en Jesús, establecemos con Él una relación sellada, y nos convertimos en hijos de Dios. Esa verdad por sí sola basta para vivir toda la vida agradecidos.

Como hijos de Dios, podemos dar gracias porque caminamos con Él. Al ser creyentes, entablamos una relación dinámica con Jesús que nos impulsa a crecer continuamente en la madurez de Cristo. Somos como árboles de raíces firmes que nos mantienen erguidos en medio de las tormentas de la vida. Esas raíces se adentran y se nutren de la Palabra de Dios, impidiéndonos tambalear ante la adversidad.

La gratitud proviene de comprender que estamos siendo edificados en Cristo. A medida que aplicamos las Escrituras a nuestra vida, nos arraigamos en la fe, adquirimos fortaleza para rechazar las ideas erróneas del mundo y nos transformamos en personas que pueden representar a Cristo en cualquier ámbito de influencia. Mientras avanzamos en esta transformación, nos regocijamos y damos gracias a Dios, reflexionando en la creciente brecha entre quienes éramos antes de conocer a Jesús y quienes estamos llegando a ser cada día en Él.

Tres ideas para edificar una vida de gratitud:

1. Ten la perspectiva espiritual adecuada y reconoce los privilegios divinos. Por ejemplo, en lugar de sentirte insatisfecho porque, como parte del coro, no se te asigna un solo, da gracias a Dios por el privilegio (y la capacidad) de cantar para Él. No todos cuentan con la voz o con la oportunidad de usar públicamente su don en la iglesia para servir al pueblo de Dios. Algunos miembros anhelan cantar la mitad de bien que tú, pero solo pueden "hacer ruido de gozo" desde la banca.

La Biblia dice: "Muchos son llamados, y pocos escogidos" (Mateo 22:14). Saber que he sido escogido por encima de otros es la razón por la que nunca me quejo de mis deberes pastorales, a pesar de los desafíos que enfrento en mi ministerio. Incluso en días en que empiezo temprano con las sesiones de consejería y llego tarde a casa, las quejas no entran en mi campo de decisión. Lo veo así: ¿qué pasaría si Dios no me hubiera llamado? Soy afortunado de estar justamente donde el Padre quiso colocarme, y eso me beneficia.

2. Reconoce las oportunidades divinas a pesar de los obstáculos y limitaciones iniciales. Si, por ejemplo, vas manejando y te quedas atascado en el tráfico, en lugar de quejarte, agradece que al menos tienes un auto y puedes conducirlo. Estás en mejor situación que mucha gente. Incluso en una circunstancia desagradable, busca oportunidades para expresar gratitud.

3. Desarrolla la comprensión de que lo "poco" es mejor que "nada." La gratitud no solo surge de bendiciones enormes, sino también de las pequeñas. Como ya hemos visto, Dios puede convertir algo pequeño en algo grande cuando somos agradecidos. Aunque sientas que las grandes bendiciones pasan de largo, siempre hay algo por lo cual dar gracias. Quizá te quejes de un hijo difícil, pero da gracias a Dios porque tienes un hijo. ¿Tu auto tiene una fuga en el radiador? Al menos tienes un auto. ¿El grifo gotea? Al menos tienes agua corriente, mientras que mucha gente en el mundo no.

En una ocasión, una mujer que anhelaba el don de la maternidad vino a pedirme oración. Sus palabras tocaron profundamente mi corazón, pues expresó un sentir que me conmovió: "Estaría agradecida con la sola oportunidad de quedar embarazada, incluso si terminara en un aborto espontáneo. En ese momento sabría que tengo la capacidad de concebir, y eso, en sí mismo, es una bendición preciosa." Después de orar por el milagro de Dios, para Su gloria, al año siguiente el Señor bendijo a su familia con una niña. ¡Aleluya!

La perspectiva de esta mujer me enseñó que, en ocasiones, los pasos más pequeños de nuestro camino pueden colmarnos de una gratitud inmensa, preparando el terreno para recibir bendiciones mayores.

Perspectivas espirituales que ayudan a expresar la gratitud de manera adecuada

Debemos tener la perspectiva espiritual correcta y reconocer la autoridad de Dios sobre nosotros. Debemos ser capaces de ver oportunidades divinas, incluso cuando nos sentimos limitados por los acontecimientos y las circunstancias. Tenemos que aprender que tener "poco" es mejor que no tener nada, y que cuando ofrecemos a Dios gratitud y acción de gracias, Él transforma lo que sí poseemos en algo mejor.

La gratitud invita a Dios a intervenir en nuestra vida; nos abre a lo milagroso porque aparta nuestra mirada del problema y la centra en Dios. Agradecer nos impulsa a aprovechar las oportunidades y los recursos, y a manejar las relaciones y los conflictos con sabiduría.

La gratitud nos permite devolverle la gloria a Dios sin importar las circunstancias, y se espera que los cristianos la practiquen en todo momento. Es esencial para quienes desean ser ciudadanos del reino de Dios.

Prácticas que ayudan a construir un estilo de vida de gratitud

Canto, música y danza

¿Alguna vez has sentido al Espíritu Santo impulsándote a adorar a Dios a través de una canción o un baile? ¿Te ha sucedido que, al escuchar música de alabanza, sientes el deseo de alabar a Dios sin cesar, levantando tus manos? Podemos glorificar a Dios y mostrarle gratitud con cantos, música y danza (Eclesiastés 3:4; Salmo 30:11; 150:4).

La forma más común de expresar nuestro agradecimiento

a Dios es cantándole. Por ejemplo, todos podemos alabar y adorar a Dios cantando una canción que lo honre. Incluso, si te gusta cantar o eres habilidoso con algún instrumento musical, podrías intentar componer una canción sencilla cuyas letras describan aquello por lo que más das gracias.

"Alaben su nombre con danza; con pandero y arpa cántenle salmos."

— Salmo 149:3 —

En Juan 4:23, Jesús proclama: *"Pero la hora viene, y ahora es, cuando los verdaderos adoradores adorarán al Padre en espíritu y en verdad; porque también el Padre tales adoradores busca que le adoren."* No hace falta ser el mejor músico o el bailarín más famoso antes de honrar a Dios con tu canto y danza. Si tu alabanza nace del corazón, es suficiente.

Además, no necesitas estar en la iglesia o en un entorno religioso para alabar a Dios: puedes hacerlo mientras conduces tu automóvil, paseas a tu perro o incluso mientras te duchas. Mostrar gratitud y alabar a Dios se puede realizar en cualquier lugar.

Cuando adoramos a Dios, fijamos nuestra mente en Su bondad y en todo lo que ha hecho y sigue haciendo por nosotros. Alabar es un acto espiritual de gratitud hacia Dios y, cuando va acompañado de expresiones físicas como cantar, gritar, danzar, aplaudir, alzar las manos o emplear instrumentos, demostramos nuestra adoración a Él.

Alabamos a Dios porque Él lo merece.

"Porque grande es Jehová, y digno de suprema alabanza; y de ser temido sobre todos los dioses."

— 1 Crónicas 16:25 —

Alabar a Dios también es parte de nuestra obligación espiritual. Es vital que honremos la fuente de nuestra justicia.

"Alegraos, justos, en Jehová; en los íntegros es hermosa la alabanza."

— Salmo 33:1 —

Alabar a Dios es un mandato divino. Él desea y demanda nuestra alabanza. El primer mandamiento dice:

"No tendrás dioses ajenos delante de Mí" (Éxodo 20:3). Tal como declaró el salmista: *"Todo lo que respira alabe a Jehová. ¡Aleluya!"* (Salmo 150:6)

La alabanza nos ayuda a recuperar la relación correcta con Dios, interrumpida por el pecado original, pues Él habita en medio de la alabanza de Su pueblo.

"Pero tú eres santo, tú que habitas entre las alabanzas de Israel."

— *Salmo 22:3* —

La alabanza es la forma más común y sencilla de expresar nuestra gratitud a Dios en comunidad con otros. Hay un poder mayor cuando agradecemos colectivamente, como un solo cuerpo, a diferencia de mantener una adoración aislada.

Lectura y estudio de la Biblia

Podemos mostrar nuestra gratitud a Dios por Su Palabra y por la capacidad de leerla y comprenderla, gracias a la enseñanza del Espíritu Santo que nos guía y nos recuerda todo. Un verdadero encuentro con la Biblia otorga un consuelo y una esperanza que no pueden encontrarse en ningún otro lugar:

"Porque las cosas que se escribieron antes, para nuestra enseñanza se escribieron, a fin de que por la paciencia y la consolación de las Escrituras, tengamos esperanza."

— *Romanos 15:4* —

Leer y estudiar la Biblia diariamente es la herramienta perfecta de Dios para enseñarnos cómo adorarlo, cómo vivir correctamente y cómo comprender Su carácter. Podemos acudir a Su Palabra en busca de respuestas cuando estamos estancados, luchando o inseguros de qué hacer.

La lectura y el estudio de la Biblia también son una forma de valorar que Dios haya provisto Su Palabra para nosotros. A lo largo de miles de años, en diferentes idiomas y múltiples traducciones, la Biblia llegó hasta tus manos. Dios preservó Su Palabra escrita para que hoy puedas tenerla. Muchos, a lo largo de esos siglos, dieron su vida para que la Biblia llegara a ti. Cuando la leemos, seguimos sus enseñanzas y la compartimos con otros, honramos el sacrificio de misioneros, mártires, traductores y de todos los que participaron en su transmisión.

Oración

Imagina tener acceso completo, constante e ilimitado al presidente de tu país, posiblemente la persona con más influencia política. Mucha gente daría lo que fuera por gozar de esa clase de acceso. Pero, como creyentes en Jesucristo, disfrutamos de un privilegio aún mayor: acceso veinticuatro-siete a la presencia del Creador y Sustentador del universo. Eso es la oración: el privilegio de comunicarte con el Dios Altísimo cuando desees.

A través de la oración, mostramos a Dios nuestro agradecimiento. Cuando oramos, demostramos que valoramos nuestra relación con Él, que queremos compartirle nuestro día y que lo que Él tiene que decirnos importa. Todas nuestras oraciones deberían comenzar con gratitud:

"Entrad por Sus puertas con acción de gracias, por Sus atrios con alabanza; alabadle, bendecid Su nombre."
—Salmo 100:4 —

La oración es una maravillosa vía para agradecer a Dios todo lo que nos ha dado y para manifestar la gratitud de que Él escucha y responde. Por eso nuestras oraciones deben estar llenas de acción de gracias:

"No se inquieten por nada, sino que en toda situación, mediante oración y ruego, CON ACCIÓN DE GRACIAS, presenten sus peticiones a Dios."

— *Filipenses 4:6, énfasis añadido* —

La expresión verbal de nuestra gratitud es un sacrificio de alabanza:

"Así que, ofrezcamos siempre a Dios, por medio de Él, sacrificio de alabanza, es decir, fruto de labios que confiesan Su nombre."

— *Hebreos 13:15* —

Además, agradece y ora por las personas que te han ayudado de alguna manera. La gente muestra bondad a pesar de sus propios desafíos; aunque no puedas recompensarles o resolver sus problemas, sí puedes interceder ante Aquel que tiene poder para desvanecer las dificultades. Pablo siempre mencionaba a sus colaboradores y daba gracias a Dios por ellos en cada una de sus epístolas. Cuando uno de ellos se recuperó de una enfermedad casi mortal, Pablo reconoció públicamente que Dios tuvo misericordia tanto del enfermo como de él mismo (Filipenses 2:27).

Dar y perdonar

Una forma bíblica de expresar gratitud es mediante los diezmos, las ofrendas y la ayuda a los necesitados (limosnas). La Biblia dice que cuando adoremos al Señor, no debemos presentarnos con las manos vacías (Deuteronomio 16:16-17). Podemos entregar nuestros diezmos y ofrendas, invertir en Su obra o ayudar a alguien necesitado en nombre de Él, agradecidos por lo que el Señor ha hecho por nosotros:

> *"Dad a Jehová la honra debida a Su nombre; traed ofrenda, y venid delante de Él; adorad a Jehová en la hermosura de la santidad."*
>
> — *1 Crónicas 16:29, énfasis añadido* —

La generosidad debe proceder de un corazón agradecido y no siempre implica dinero. Dios nos llama a ser generosos de muchas maneras: con nuestro tiempo, recursos, habilidades, talentos, posesiones, etc. Dar de forma voluntaria nos hace queridos a los ojos de Dios:

"Cada uno dé como propuso en su corazón: no con tristeza, ni por necesidad, porque Dios ama al dador alegre."

— 2 Corintios 9:7 —

Al compartir nuestras bendiciones con otros, recibimos más bendiciones:

"En todo os he enseñado que, trabajando así, se debe ayudar a los necesitados, y recordar las palabras del Señor Jesús, que dijo: 'Más bienaventurado es dar que recibir.'"

— Hechos 20:35 —

Siempre hay una respuesta divina cuando honramos a Dios mediante nuestras ofrendas. Sus bendiciones y Su pacto se vuelven permanentes. Dar también indica que somos buenos administradores de lo que Dios nos concede. Al usar lo que Él nos provee para servir, adorar y demostrar generosidad y amor, nos mantenemos listos para cumplir Su voluntad, en gratitud hacia Él:

"Hospedaos los unos a los otros sin murmuraciones. Cada uno según el don que ha recibido, minístrelo a los otros, como buenos administradores de la multiforme gracia de Dios."

— *1 Pedro 4:9-10, NVI* —

Otra forma constante de mostrar gratitud consiste en perdonar, es decir, arriesgarse a ser ofendido sin volverse amargado. Cuando recordamos que Jesús murió por nosotros mientras aún éramos pecadores (Romanos 5:5), se nos hace más fácil extender el mismo perdón a los demás:

"Antes sed benignos unos con otros, misericordiosos, perdonándoos unos a otros, como Dios también os perdonó a vosotros en Cristo."

— *Efesios 4:32* —

Hacer la voluntad de Dios

Una manera fundamental de mostrar gratitud a Dios es dedicarle nuestras vidas. Esto puede suponer un reto, pues implica renunciar a nuestra visión personal sobre cómo deseamos que se desarrolle nuestra existencia. Rendirnos a Dios y a Su perfecta voluntad es demostrar gratitud por la nueva vida que nos concedió mediante nuestro Señor Jesús, dándonos también la oportunidad de acercarnos más a Él.

Al manifestar aprecio y gratitud por la vida que Él diseñó para nosotros, señalamos nuestra confianza y fe en Él:

"Fíate de Jehová de todo tu corazón, y no te apoyes en tu propia prudencia. Reconócelo en todos tus caminos, y Él enderezará tus veredas."

— Proverbios 3:5-6 —

Ser agradecidos con Dios significa que buscamos glorificarlo en todas nuestras palabras y acciones. Al honrarlo con nuestra conducta, mostramos gratitud porque Lo amamos y anhelamos servirle. Si de veras seguimos a Jesús como nuestro Señor, inevitablemente daremos gracias al Señor.

Predicar a otros

Si realmente agradeces todas las bendiciones que Dios te ha dado, buscarás maneras de compartir Su amor con las demás personas. A veces, basta con atribuirle esas bendiciones a Dios cuando alguien las menciona, lo que puede abrir la oportunidad para testificar, invitarlos a la iglesia o ayudarlos a empezar su relación personal con Cristo, especialmente si muestran interés en aprender más sobre la generosidad de Dios. Por ejemplo, si alguien te dice: "Tu casa es hermosa," podrías responder: "¡Gracias! Dios ha bendecido mucho mi vida, y estoy muy agradecido con Él."

Jesús nos ordenó ir por todo el mundo y predicarle a todos. Él desea que llevemos las buenas nuevas y ayudemos a otros a ver la verdad de Dios y de la Biblia:

> *"Y les dijo: 'Id por todo el mundo y predicad el evangelio a toda criatura.'"*
>
> *— Marcos 16:15 —*

Al evangelizar, le estamos agradeciendo a Dios por

habernos abierto los ojos para ver la verdad y creer en la bondad de Su Hijo, Jesús. Además, declaramos que deseamos que otros conozcan a Jesús como nosotros lo conocemos y experimenten Sus bendiciones del mismo modo que nosotros las disfrutamos.

Debemos usar continuamente nuestras expresiones de gratitud por los milagros que Dios realiza en nuestra vida como testimonio de Su bondad y de la salvación que Él ofrece al mundo. Nuestro estilo de vida agradecido y la disposición a compartir nuestro testimonio comunican cuánto valoramos la salvación y nuestro testimonio de conversión personal.

Amor y humildad

Jesús enseñó que el mandamiento más importante es doble: 1. Amar a Dios y 3. Amar al prójimo. Amar a la gente según las instrucciones de Dios es una hermosa manera de mostrarle cuán agradecidos estamos y, al mismo tiempo, avanzar Su reino con un corazón lleno de gratitud. El amor es una deuda que tenemos con los demás:

"No debáis a nadie nada, sino el amaros unos a otros; porque el que ama al prójimo, ha cumplido la ley."

— *Romanos 13:8* —

Muestra respeto a quienes te rodean y trátalos con el mismo nivel de cortesía que esperas recibir. Sonríe, sé amable, sé paciente y escucha. Mantén principios de urbanidad en tus interacciones diarias con desconocidos y sé consciente de cómo tus acciones los impactan. Practica actos de bondad al azar sin esperar nada a cambio.

Además, decide ser humilde. Un estilo de vida humilde suele ir acompañado de gratitud, pues, aunque nuestra naturaleza humana nos incline a pensar que nuestros logros nos pertenecen, la persona humilde recuerda siempre que todo lo que tiene proviene de Dios. Esta humildad se refleja también en la actitud que mostramos ante las pruebas de la vida. Elegir ser humilde y agradecer la oportunidad de superarlas, en lugar de enojarnos y amargarnos, demuestra nuestra gratitud por el plan y la guía de Dios. También demuestra nuestra confianza en Él y en Su sabiduría.

Procura no sentirte orgulloso ni creer que mereces todas tus bendiciones; cuando otros te elogien por ellas, devuelve toda la gloria a Dios, de quien manan los dones.

Gratitud en palabras y acciones

Cuando expresamos nuestro agradecimiento a quienes nos ayudan, demostramos en verdad nuestra acción de gracias hacia Dios. Podemos reconocer con facilidad el servicio que nos prestan diciendo "gracias," enviando una tarjeta o un mensaje rápido, o incluso con un gesto de cabeza, una sonrisa o un saludo. No se requiere gran esfuerzo para dar las gracias, y cuanto más lo hagamos, más sencillo se vuelve.

Al expresar verbalmente tu gratitud dando cumplidos y elogiando a la gente, puedes hacerles saber que los aprecias sin recurrir a mentiras ni a halagos vacíos. Un simple "gracias" dicho de palabra, o algo más formal como una nota o tarjeta de agradecimiento, basta para mostrarle a Dios que eres agradecido y, a la vez, alegrarle el día a alguien.

La investigación psicológica ha demostrado que decir "gracias" hace que tu cerebro registre que algo bueno ha pasado y te ayuda a sentirte más integrado en una comunidad social significativa. A todo el mundo le gusta sentirse apreciado, y la gente se ilumina cuando recibe gratitud. Expresar las gracias con palabras y acciones fortalece nuestros lazos emocionales y sociales, en parte porque profundiza nuestra comprensión de cómo nos interconectamos con los demás.

La clave para mostrar gratitud de la manera adecuada es destacar las cosas específicas que hacen para mejorar tu vida. Un buen ejemplo es reservar tiempo para pensar en lo que más aprecias de tus amigos, maestros, padres o pastores, y luego escribirles una nota o carta a mano para expresar tus sentimientos.

Sé concreto acerca de aquello por lo que estás agradeciendo, pues esto hace que tu agradecimiento sea más auténtico y revela que prestaste verdadera atención a sus buenas acciones. Las expresiones de gratitud más notables reconocen las intenciones de la persona, el costo personal que pudo haber tenido y describen el valor de los beneficios que recibiste.

Servicio desinteresado

Le mostramos gratitud a Dios sirviéndolo y ayudando a quienes lo necesiten. Podemos exhibir gratitud hacia Él a través del servicio de muchas formas y en cualquier lugar: voluntariados, donaciones a organizaciones benéficas y así sucesivamente. Al amar y servir a otros, les damos el mismo nivel de amor, amabilidad y apoyo que Dios nos brinda. La Biblia nos insta: *"Servíos por amor los unos a los otros. Porque toda la ley en esta sola palabra se cumple: 'Amarás a tu prójimo como a ti mismo'"* (Gál. 5:13-14).

Quizás te preguntes si estás capacitado para servir a otros o no sepas qué hacer. No te preocupes. Mientras estés dispuesto, puedes orar al respecto y Dios te mostrará qué hacer. Por ejemplo, podrías ofrecerte como voluntario en tu comunidad, lo que te brinda algo positivo en qué centrarte y es una gran forma de conectar con los demás, adquirir experiencia y devolver algo a la sociedad.

Los estudios científicos también han hallado que el voluntariado mejora nuestra autoestima, aporta beneficios significativos a la salud y ejerce un impacto positivo en nuestra vida. Quienes realizan trabajo voluntario reportan mayores niveles de felicidad, satisfacción vital y autoestima. Además, sienten un mayor control sobre sus vidas, gozan de mejor salud física y experimentan menos depresión. De hecho, es un secreto a voces entre quienes llevan mucho tiempo sirviendo que un solo acto de bondad puede beneficiarlos más a ellos mismos que a las personas receptoras de su ayuda.

Dona tu tiempo, tu energía y, si puedes, tus recursos financieros; esto te ayuda a vivir en gratitud al apoyar causas valiosas y a personas menos favorecidas. Realiza actos aleatorios de servicio para manifestar tu agradecimiento a Dios. Una de las mejores maneras de mostrarle a Dios que valoras las bendiciones que te ha dado es usar esas bendiciones para ayudar a otros.

Practica la conciencia de la presencia de Dios

Recordar a Dios de verdad significa que Él forma parte

de tus pensamientos, palabras y actos a lo largo del día. Tu perspectiva se enfoca en lo que es noble, justo y digno de elogio:

"Por lo demás, hermanos, todo lo que es verdadero, todo lo honesto, todo lo justo, todo lo puro, todo lo amable, todo lo que es de buen nombre; si hay virtud alguna, si algo digno de alabanza, en esto pensad."

— Filipenses 4:8 —

Cuando creas momentos para meditar en la bondad de Dios y mostrarle gratitud, estás combinando dos de las prácticas más poderosas para la felicidad: la gratitud y la meditación. Podría resultarte difícil aquietar la mente al principio, pero con la práctica notarás mejoras profundas en tu disposición al agradecimiento y en tu alegría. David conocía el valor de dedicar tiempo para considerar lo bueno en su vida:

"Como de meollo y de grosura será saciada mi alma; y con labios de júbilo te alabará mi boca, cuando me acuerde de ti en mi lecho, cuando medite en ti en las vigilias de la noche."

— Salmo 63:5-6 —

Elige la alegría

Procura mantenerte alegre. Decide estar contento en lugar de quejarte, porque cada queja alimenta un estado mental negativo y no ofrece una solución al problema. No dejes que tus circunstancias dicten tu humor; respira, busca un estado de paz y gratitud, y concéntrate en algo positivo. Sé consciente de cómo piensas y sientes cuando surge una situación complicada. Cambia tu perspectiva y confiesa que estás agradecido. Incluso con solo decir "me siento agradecido," puedes generar un ambiente de gratitud. Hallar la parte positiva en todo escenario transforma las dificultades en oportunidades para crecer.

Jesús no prometió un viaje sin contratiempos en este mundo, pero sí nos dijo que lo afrontáramos con buen ánimo:

"En el mundo tendréis aflicción; pero confiad, Yo he vencido al mundo."

— Juan 16:33 —

Nunca olvides expresar con alegría tu gratitud en

medio de las experiencias adversas, convertir los obstáculos en oportunidades, reformular las pérdidas como posibles ganancias y redirigir la negatividad hacia canales positivos de agradecimiento.

Alarmas y aplicaciones

Vivimos en una época dominada por la tecnología, que puede distraernos, pero también servirnos para ser más intencionales con nuestra actitud de gratitud. Configurar alarmas en nuestros dispositivos móviles nos ayuda a planificar activamente un tiempo para estar con Dios y mostrarnos agradecidos por quién es Él, lo que nos da y lo que hace. Podemos vivir nuestra gratitud formando el hábito de pasar tiempo con Dios de manera intencional, no solo para leer la Biblia, orar o alabar, sino simplemente para estar con Él.

Sin esta intencionalidad, agradecer a Dios de forma continua a lo largo del día puede volverse complicado. La Biblia nos dice que debemos buscar al Señor de manera constante:

"Buscad a Jehová y Su poder; buscad Su rostro continuamente."

— *1 Crónicas 16:11, ESV* —

No solo fortalece nuestra relación con Dios, sino que, si constantemente buscamos cosas por las que estar agradecidos, resultará más sencillo encontrarlas.

Aun con el conocimiento adecuado, practicar la gratitud con regularidad puede ser un reto. Ahí es donde las aplicaciones pueden ayudar. Herramientas como "Gratitude Journal," "Gratitude Garden App," o "HappyFeed" te ayudan a llevar un diario digital diario de gratitud, a obtener puntos por registrar tus agradecimientos, te dan indicaciones divertidas y útiles y te recuerdan, en los momentos más bajos, todo lo que tienes por agradecer.

Diarios y frascos.

El journaling (escritura reflexiva) es una de las formas más comunes de practicar la gratitud hacia Dios, pues te tomas el tiempo de pensar en cómo Él obra en tu vida y anotar tu agradecimiento. Escribir lo que agradeces cada mañana o al final de la semana es una excelente forma de vivir con gratitud. Mientras meditas en lo que anotaste y dejas que esos momentos de gratitud llenen tu mente, guiarán la manera en que abordas el resto del día o la siguiente semana.

Mantener un registro de las cosas por las que estamos agradecidos nos ayuda a identificar los detalles grandes o pequeños que Dios hace y provee en nuestras vidas, nos permite repasar lo que hemos agradecido en el pasado y nos recuerda que Dios es fiel y merece nuestra gratitud en todas las etapas de la vida. A veces requerimos un recordatorio de que, sin importar lo que enfrentemos hoy, Dios se ha mostrado fiel anteriormente y seguirá siéndolo. Además de enfocarte en las bendiciones, este hábito puede mejorar tu calidad de sueño, aumentar tu resiliencia ante el estrés y la adversidad, disminuir síntomas de enfermedad y potenciar tu gozo en la vida.

Construir un "frasco de gratitud" es un método sumamente sencillo para registrar las cosas por las que estás agradecido. Te ayudará a ejercitar la acción de gracias, con un impacto profundo en tu bienestar y perspectiva. Solo necesitas pensar en al menos tres cosas al día que te provoquen gratitud —algo tan simple como un café o el aire fresco, o tan significativo como el amor de tu cónyuge o un nuevo trabajo—, escribirlas en trozos de papel y colocarlas dentro de tu frasco (o caja).

Con el tiempo, tendrás un frasco lleno de incontables motivos para dar gracias por lo que posees. Tu lista te recordará lo valiosa que es tu vida y te ayudará a cultivar el hábito de comunicar agradecimiento. Si en algún momento te sientes desanimado y necesitas un impulso, puedes sacar algunas notitas para recordar quiénes y qué cosas son buenas en tu existencia.

Conclusión

¡Felicidades por haber llegado hasta aquí en tu camino hacia una vida más agradecida! Ha sido una aventura maravillosa compartir contigo la verdad bíblica acerca de la gratitud. La abundancia de información sobre este tema en la Biblia es sorprendente.

Tomémonos un momento para repasar cómo hemos llegado aquí:

Iniciamos definiendo la gratitud y la actitud, y comprendimos lo indispensables que son nuestras creencias, sentimientos y conductas en la formación de una "actitud de gratitud." También aprendimos que Dios es quien más merece nuestra gratitud. La verdad fundamental es que debemos expresar nuestro aprecio por Él y hacia Él, y que nuestro estilo de vida de gratitud solo puede construirse tomando una decisión deliberada y transformando nuestra mentalidad para hacer del agradecimiento parte de nuestra esencia.

La siguiente etapa fue un análisis profundo del poder de la gratitud y de lo beneficiosa que resulta para nuestra relación con Dios, para nuestra salud y bienestar personal, así como para nuestras relaciones con los demás. Presentamos algunos ejemplos cuidadosamente seleccionados, extraídos tanto de la Biblia como de la vida cotidiana, para inspirarnos a lograr una gratitud espontánea en nuestra vida.

En la fase final de la aventura, recibimos un recordatorio contundente sobre la importancia de practicar dos tipos de gratitud que a menudo pasamos por alto: la gratitud por las cosas simples y cotidianas, y la gratitud en medio de los desafíos y adversidades de la vida. Concluimos que la ingratitud nunca es una opción y examinamos las consecuencias de optar por ese camino. Por último, vimos una docena de consejos prácticos, realistas y factibles para construir un estilo de vida marcado por la gratitud constante.

Sin embargo, no basta con disfrutar las ideas y sensaciones de nuestro recorrido a través de la gratitud; debemos procurar no perdernos en el entusiasmo de la travesía sin recordar la razón por la cual iniciamos este viaje.

¡Empieza hoy!

La rueda de tu vida, en este viaje hacia un nivel más profundo de gratitud, está ahora en tus manos. No es suficiente leer lo que deberías hacer, por muy placentera que haya sido la experiencia. Debes poner en práctica lo aprendido para transformarte en la nueva persona que Cristo desea que seas.

Si la lectura de este libro te hizo darte cuenta de que te ha faltado práctica de la gratitud, ahora sabes qué hacer y cómo hacerlo. ¡Empieza hoy!

Si crees que ya estabas practicando bien la gratitud, coincidirás en que siempre hay espacio para mejorar, y puedes incrementar tu "cociente de gratitud" al aplicar lo aprendido aquí.

Como ocurre con cualquier otro hábito positivo en la vida, el mejor momento para empezar a ser agradecido es ahora mismo. Izar las velas de la gratitud y dejar que el viento del agradecimiento las impulse te llevará a hablar y actuar con gratitud de maneras que agraden tanto a Dios como a los hombres.

¡Dios te bendiga! Mantente agradecido.

www.ingramcontent.com/pod-product-compliance
Lightning Source LLC
LaVergne TN
LVHW051836080426
835512LV00018B/2904